Profumi d'India

La Cucina Indiana a Portata di Cuore

Martina Rossi

Sommario

Pollo senza olio 17
    ingredienti 17
    Metodo 17

Curry Kozi Varatha 18
    ingredienti 18
    Metodo 18

Stufato di pollo 20
    ingredienti 20
    Metodo 21

Himani Kip 22
    ingredienti 22
    Per il sottaceto: 22
    Metodo 23

Pollo Bianco 24
    ingredienti 24
    Metodo 25

Pollo al masala rosso 26
    ingredienti 26
    Metodo 27

Kip Jhalfrezie 28
    ingredienti 28
    Metodo 29

Pollo al curry semplice 30

- ingredienti 30
- Metodo 31
- Pollo al curry in agrodolce 32
  - ingredienti 32
  - Metodo 33
- Anjeer di pollo secco 34
  - ingredienti 34
  - Per il sottaceto: 34
  - Metodo 35
- Yogurt Di Pollo 36
  - ingredienti 36
  - Metodo 37
- Pollo fritto piccante 38
  - ingredienti 38
  - Metodo 39
- Suprema di pollo 40
  - ingredienti 40
  - Metodo 41
- Vindaloo pollo 42
  - ingredienti 42
  - Metodo 43
- Pollo caramellato 44
  - ingredienti 44
  - Metodo 45
- Pollo agli anacardi 46
  - ingredienti 46
  - Metodo 47

Pollo veloce 48
    ingredienti 48
    Metodo 49
Pollo al curry Coorgi 50
    ingredienti 50
    Metodo 51
Pollo In Padella 52
    ingredienti 52
    Metodo 53
Pollo agli spinaci 54
    ingredienti 54
    Metodo 55
Pollo indiano 56
    ingredienti 56
    Per il mix di spezie: 56
    Metodo 57
Kori Gassi 58
    ingredienti 58
    Metodo 59
Pollo Ghezado 60
    ingredienti 60
    Metodo 61
Pollo in salsa di pomodoro 62
    ingredienti 62
    Metodo 63
Shahenshah Murgh 64
    ingredienti 64

- Metodo 65
- Kip do Pyaaza 66
  - ingredienti 66
  - Metodo 67
- Pollo bengalese 68
  - ingredienti 68
  - Metodo 68
- Lasooni Murgh 69
  - ingredienti 69
  - Metodo 70
- Caffè al pollo 71
  - ingredienti 71
  - Per il sottaceto: 71
  - Metodo 72
- Pollo Con Le Albicocche 73
  - ingredienti 73
  - Metodo 74
- Pollo grigliato 75
  - ingredienti 75
  - Metodo 76
- Anatra arrosto con pepe 77
  - ingredienti 77
  - Metodo 78
- Bhuna di pollo 79
  - ingredienti 79
  - Metodo 80
- Pollo al curry con uova 81

- ingredienti 81
  - Metodo 82
- Pollo fritto piccante 83
  - ingredienti 83
  - Per il sottaceto: 83
  - Metodo 84
- Goan Kombdi 85
  - ingredienti 85
  - Metodo 86
- pollo al curry del sud 87
  - ingredienti 87
  - Metodo 88
- Pollo Nizami 89
  - ingredienti 89
  - Per il mix di spezie: 89
  - Metodo 90
- bufalo d'anatra 91
  - ingredienti 91
  - Metodo 91
- Adraki Murgh 93
  - ingredienti 93
  - Metodo 93
- Bharva Murgh 94
  - ingredienti 94
  - Metodo 95
- Malaidar Murgh 96
  - ingredienti 96

- Metodo 97
- Pollo al curry di Bombay 98
  - ingredienti 98
  - Metodo 99
- Pollo Durbari 100
  - ingredienti 100
  - Metodo 101
- Anatra fritta 102
  - ingredienti 102
  - Metodo 102
- Pollo al coriandolo e aglio 103
  - ingredienti 103
  - Metodo 104
- Masala d'anatra 105
  - ingredienti 105
  - Metodo 106
- Pollo alla senape 107
  - ingredienti 107
  - Metodo 108
- Murgh Lassanwallah 109
  - ingredienti 109
  - Metodo 110
- Chettinad di pollo al pepe 111
  - ingredienti 111
  - Metodo 112
- Pollo Tritato Con Uova 113
  - ingredienti 113

Metodo 114

Pollo secco 115

    ingredienti 115

    Per il sottaceto: 115

    Metodo 116

Spiedino di pesce 116

    ingredienti 116

    Per il ripieno: 117

    Metodo 117

Braciole di pesce 119

    ingredienti 119

    Metodo 120

Pesce Sookha 122

    ingredienti 122

    Metodo 123

Mahya Kalia 124

    ingredienti 124

    Metodo 125

Rosachi al curry di gamberetti 126

    ingredienti 126

    Metodo 127

Pesce Ripieno Con Datteri E Mandorle 128

    ingredienti 128

    Metodo 128

Pesce Tandoori 130

    ingredienti 130

    Metodo 130

Pesce Con Verdure 131
    ingredienti 131
    Metodo 132
Tandoor Gulnar 134
    ingredienti 134
    Per la prima marinata: 134
    Per la seconda marinata: 134
Gamberetti con masala verde 135
    ingredienti 135
    Metodo 136
Cotoletta di pesce 137
    ingredienti 137
    Metodo 138
Parsi Vis Sas 139
    ingredienti 139
    Metodo 140
Peshawari Machhi 141
    ingredienti 141
    Metodo 141
curry di granchio 143
    ingredienti 143
    Metodo 144
pesce alla senape 145
    ingredienti 145
    Metodo 145
Meno Vattichathu 146
    ingredienti 146

- Metodo 147
- Ciao Maach 148
  - ingredienti 148
  - Per il sottaceto: 148
  - Metodo 149
- Pesce fritto 150
  - ingredienti 150
  - Metodo 150
- Cotoletta Machher 151
  - ingredienti 151
  - Metodo 151
- Pesce spada di Goa 153
  - ingredienti 153
  - Metodo 154
- Masala di pesce secco 155
  - ingredienti 155
  - Metodo 155
- Curry di gamberi di Madras 156
  - ingredienti 156
  - Metodo 156
- Pesce con fieno greco 157
  - ingredienti 157
  - Metodo 158
- Karimeen Porichathu 159
  - ingredienti 159
  - Metodo 160
- Gamberetti giganti 161

ingredienti	161
Metodo	162
Pesce marinato	163
ingredienti	163
Metodo	163
Curry di polpette di pesce	165
ingredienti	165
Metodo	166
Pesce Amritsari	167
ingredienti	167
Metodo	167
gamberi fritti masala	168
ingredienti	168
Metodo	169
Pesce condito con santoreggia	170
ingredienti	170
Metodo	171
Gamberetti Pasanda	172
ingredienti	172
Metodo	173
Rechaido di pesce spada	174
ingredienti	174
Metodo	175
Teekha Jhinga	176
ingredienti	176
Metodo	177
Balchow di gamberetti	178

    ingredienti 178

        Metodo 179

Gamberetti Bhujna 180

    ingredienti 180

        Metodo 181

Gendi Macher Malai 182

    ingredienti 182

        Metodo 183

Sorse Bata Vis 184

    ingredienti 184

        Metodo 184

Stufato di pesce 185

    ingredienti 185

        Metodo 186

Jhinga Nissa 187

    ingredienti 187

        Metodo 188

Calamari di Vindaloo 189

    ingredienti 189

        Metodo 190

Balchow di aragosta 191

    ingredienti 191

        Metodo 192

Gamberetti Di Melanzane 193

    ingredienti 193

        Metodo 194

Gamberetti verdi 195

- ingredienti 195
  - Metodo 195
- Pesce al coriandolo 196
  - ingredienti 196
  - Metodo 196
- Pesce Malese 197
  - ingredienti 197
  - Per il mix di spezie: 197
  - Metodo 198
- Curry di pesce Konkani 199
  - ingredienti 199
  - Metodo 199
- Gamberetti All'Aglio Piccanti 200
  - ingredienti 200
  - Metodo 201
- semplice curry di pesce 202
  - ingredienti 202
  - Metodo 202
- Curry di pesce di Goa 203
  - ingredienti 203
  - Metodo 204
- Gamberetti Vindaloo 205
  - Per 4 persone 205
  - ingredienti 205
  - Metodo 206
- Pesce nel masala verde 207
  - ingredienti 207

Metodo 208

Cozze Masala 209

    ingredienti 209

    Metodo 210

Pesce Tikka 211

    ingredienti 211

    Metodo 212

Melanzane ripiene di gamberi 213

    ingredienti 213

    Metodo 214

Aglio E Cannella Dei Gamberetti 215

    ingredienti 215

    Metodo 215

Sogliola al vapore con senape 216

    ingredienti 216

    Metodo 216

Pollo senza olio

Per 4 persone

ingredienti

Yogurt 400 g/14 once

1 cucchiaino di peperoncino in polvere

1 cucchiaino di pasta di zenzero

1 cucchiaino di pasta d'aglio

2 peperoncini verdi, tritati finemente

50 g di foglie di coriandolo macinate

1 cucchiaino di garam masala

Sale a piacere

750 g di pollo disossato, tagliato in 8 pezzi

Metodo

- Unisci tutti gli ingredienti tranne il pollo. Marinare il pollo per una notte con questa miscela.

- Cuocere il pollo marinato in una padella a fuoco medio per 40 minuti, mescolando spesso. Servire caldo.

Curry Kozi Varatha

(Pollo al curry Kairali del Kerala)

Per 4 persone

ingredienti

60 ml di olio vegetale raffinato

Radice di zenzero di 7,5 cm, tritata finemente

15 spicchi d'aglio, tritati finemente

8 scalogni, tritati

3 peperoncini verdi, tagliati a fette longitudinalmente

1 kg di pollo, tagliato in 12 pezzi

cucchiaino: curcuma

Sale a piacere

2 cucchiai di coriandolo macinato

1 cucchiaio di garam masala

½ cucchiaino di semi di cumino

750 ml/1¼ pinta di latte di cocco

5-6 foglie di curry

Metodo

- Scaldare l'olio in una casseruola. Aggiungi lo zenzero e l'aglio. Rosolare a fuoco medio per 30 secondi.

- Aggiungi scalogno e peperoncini verdi. Fate rosolare per un minuto.

- Aggiungere il pollo, la curcuma, il sale, il coriandolo macinato, il garam masala e i semi di cumino. Mescolare bene. Coprite con un coperchio e fate cuocere a fuoco basso per 20 minuti. Aggiungere il latte di cocco. Cuocere a fuoco lento per 20 minuti.

- Guarnire con foglie di curry e servire caldo.

Stufato di pollo

Per 4 persone

ingredienti

1 cucchiaio di olio vegetale raffinato

2 chiodi di garofano

1 pollice/2,5 cm di cannella

6 grani di pepe nero

3 foglie di alloro

2 cipolle grandi tagliate in 8 pezzi

1 cucchiaino di pasta di zenzero

1 cucchiaino di pasta d'aglio

8 cosce di pollo

200 g di verdure miste surgelate

250 ml di acqua

Sale a piacere

2 cucchiaini di farina bianca, sciolta in 360 ml/12 fl oz di latte

Metodo

- Scaldare l'olio in una casseruola. Aggiungere i chiodi di garofano, la cannella, il pepe in grani e le foglie di alloro. Lasciarli sputare per 30 secondi.

- Aggiungere le cipolle, la pasta di zenzero e la pasta d'aglio. Cuocere per 2 minuti.

- Aggiungere il resto degli ingredienti, tranne il composto di farina. Coprite con un coperchio e lasciate cuocere per 30 minuti. Aggiungere il composto di farina. Mescolare bene.

- Cuocere a fuoco lento per 10 minuti, mescolando spesso. Servire caldo.

Himani Kip

(Pollo al cardamomo)

Per 4 persone

ingredienti

1 kg di pollo, tagliato in 10 pezzi

3 cucchiai di olio vegetale raffinato

¼ cucchiaino di cardamomo verde macinato

Sale a piacere

Per il sottaceto:

1 cucchiaino di pasta di zenzero

1 cucchiaino di pasta d'aglio

200 g di yogurt

2 cucchiai di foglie di menta, macinate

Metodo

- Mescolare insieme tutti gli ingredienti della marinata. Marinare il pollo con questo composto per 4 ore.

- Scaldare l'olio in una casseruola. Aggiungere il pollo marinato e friggere per 10 minuti a fuoco basso. Aggiungi cardamomo e sale. Mescolare bene e cuocere per 30 minuti, mescolando spesso. Servire caldo.

Pollo Bianco

Per 4 persone

ingredienti

750 g/1 libbra 10 once di pollo disossato, macinato

1 cucchiaino di pasta di zenzero

1 cucchiaino di pasta d'aglio

1 cucchiaio di burro chiarificato

2 chiodi di garofano

1 pollice/2,5 cm di cannella

8 grani di pepe nero

2 foglie di alloro

Sale a piacere

250 ml di acqua

30 g/1 oncia di anacardi, macinati

10-12 mandorle, macinate

1 cucchiaio di panna liquida

Metodo

- Marinare il pollo con la pasta di zenzero e la pasta di aglio per 30 minuti.

- Scaldare il burro chiarificato in una padella. Aggiungere i chiodi di garofano, la cannella, il pepe in grani, le foglie di alloro e il sale. Lasciali sputare per 15 secondi.

- Aggiungi pollo marinato e acqua. Cuocere a fuoco lento per 30 minuti. Aggiungere anacardi, mandorle e panna. Cuocere per 5 minuti e servire caldo.

Pollo al masala rosso

Per 4 persone

ingredienti

3 cucchiai di olio vegetale raffinato

2 cipolle grandi, affettate sottilmente

1 cucchiaio di semi di papavero

5 peperoni rossi secchi

50 g di cocco fresco, grattugiato

1 pollice/2,5 cm di cannella

2 cucchiaini di pasta di tamarindo

6 spicchi d'aglio

500 g/1 libbra di pollo, tritato

2 pomodori, tagliati a fette sottili

1 cucchiaio di coriandolo macinato

1 cucchiaino di cumino macinato

500 ml/16 once fluide di acqua

Sale a piacere

Metodo

- Scaldare l'olio in una casseruola. Friggere le cipolle a fuoco medio fino a doratura. Aggiungi semi di papavero, peperoni, cocco e cannella. Cuocere per 3 minuti.

- Aggiungere la pasta di tamarindo e l'aglio. Mescolare bene e macinare fino a ottenere una pasta.

- Mescolare questa pasta con tutti gli altri ingredienti. Far bollire il composto in una padella a fuoco basso per 40 minuti. Servire caldo.

Kip Jhalfrezie

(Pollo in salsa densa di pomodoro)

Per 4 persone

ingredienti

3 cucchiai di olio vegetale raffinato

3 cipolle grandi, tritate finemente

Radice di zenzero di 2,5 cm, tagliata a fettine sottili

1 cucchiaino di pasta d'aglio

1 kg di pollo, tagliato in 8 pezzi

½ cucchiaino di curcuma

3 cucchiaini di coriandolo macinato

1 cucchiaino di cumino macinato

4 pomodori, sbollentati e ridotti in purea

Sale a piacere

Metodo

- Scaldare l'olio in una casseruola. Aggiungere cipolle, zenzero e pasta d'aglio. Friggere a fuoco medio fino a quando le cipolle saranno dorate.

- Aggiungere il pollo, la curcuma, il coriandolo macinato e il cumino macinato. Cuocere per 5 minuti.

- Aggiungere la passata di pomodoro e il sale. Mescolare bene e cuocere a fuoco basso per 40 minuti, mescolando di tanto in tanto. Servire caldo.

Pollo al curry semplice

Per 4 persone

ingredienti

2 cucchiai di olio vegetale raffinato

2 cipolle grandi, tritate

½ cucchiaino di curcuma

1 cucchiaino di pasta di zenzero

1 cucchiaino di pasta d'aglio

6 peperoncini verdi, affettati

750 g di pollo, tagliato in 8 pezzi

Yogurt 125 g/4½ once

125 g di khoya*

Sale a piacere

50 g di foglie di coriandolo tritate finemente

Metodo

- Scaldare l'olio in una casseruola. Aggiungi le cipolle. Friggere finché non diventano traslucidi.

- Aggiungere la curcuma, la pasta di zenzero, la pasta di aglio e i peperoncini verdi. Friggere per 2 minuti a fuoco medio. Aggiungere il pollo e friggere per 5 minuti.

- Aggiungi yogurt, khoya e sale. Mescolare bene. Coprite con un coperchio e fate cuocere a fuoco basso per 30 minuti, mescolando di tanto in tanto.

- Decorare con foglie di coriandolo. Servire caldo.

Pollo al curry in agrodolce

Per 4 persone

ingredienti

1 kg di pollo, tagliato in 8 pezzi

Sale a piacere

½ cucchiaino di curcuma

4 cucchiai di olio vegetale raffinato

3 cipolle, tritate finemente

8 foglie di curry

3 pomodori, tritati finemente

1 cucchiaino di pasta di zenzero

1 cucchiaino di pasta d'aglio

1 cucchiaio di coriandolo macinato

1 cucchiaino di garam masala

1 cucchiaio di pasta di tamarindo

½ cucchiaio di pepe nero macinato

250 ml di acqua

Metodo

- Marinare i pezzi di pollo con sale e curcuma per 30 minuti.

- Scaldare l'olio in una casseruola. Aggiungi cipolle e foglie di curry. Friggere a fuoco basso fino a quando le cipolle saranno traslucide.

- Aggiungere tutti gli altri ingredienti e il pollo marinato. Mescolare bene, coprire con un coperchio e cuocere a fuoco lento per 40 minuti. Servire caldo.

Anjeer di pollo secco

(Pollo secco con fichi)

Per 4 persone

ingredienti

750 g di pollo, tagliato in 12 pezzi

4 cucchiai di burro chiarificato

2 cipolle grandi, tritate finemente

250 ml di acqua

Sale a piacere

Per il sottaceto:

10 fichi secchi, ammollati per 1 ora

1 cucchiaino di pasta di zenzero

1 cucchiaino di pasta d'aglio

200 g di yogurt

1½ cucchiaino di garam masala

2 cucchiai di panna liquida

Metodo

- Mescolare insieme tutti gli ingredienti della marinata. Marinare il pollo con questo composto per un'ora.

- Scaldare il burro chiarificato in una padella. Friggere le cipolle a fuoco medio fino a doratura.

- Aggiungere il pollo marinato, l'acqua e il sale. Mescolare bene, coprire con un coperchio e cuocere a fuoco lento per 40 minuti. Servire caldo.

Yogurt Di Pollo

Per 4 persone

ingredienti

30 g di foglie di menta tritate finemente

30 g di foglie di coriandolo tritate

2 cucchiaini di pasta di zenzero

2 cucchiaini di pasta d'aglio

Yogurt 400 g/14 once

200 g di passata di pomodoro

Succo di 1 limone

1 kg di pollo, tagliato in 12 pezzi

2 cucchiai di olio vegetale raffinato

4 cipolle grandi, tritate finemente

Sale a piacere

Metodo

- Macinare le foglie di menta e le foglie di coriandolo fino ad ottenere una pasta fine. Mescolarlo con pasta di zenzero, pasta di aglio, yogurt, concentrato di pomodoro e succo di limone. Marinare il pollo con questa miscela per 3 ore.

- Scaldare l'olio in una casseruola. Friggere le cipolle a fuoco medio fino a doratura.

- Aggiungi il pollo marinato. Coprite con un coperchio e lasciate cuocere per 40 minuti, mescolando di tanto in tanto. Servire caldo.

Pollo fritto piccante

Per 4 persone

ingredienti

1 cucchiaino di pasta di zenzero

2 cucchiaini di pasta d'aglio

2 peperoncini verdi, tritati finemente

1 cucchiaino di peperoncino in polvere

1 cucchiaino di garam masala

2 cucchiaini di succo di limone

½ cucchiaino di curcuma

Sale a piacere

1 kg di pollo, tagliato in 8 pezzi

Olio vegetale raffinato per friggere

Pangrattato, per ricoprire

Metodo

- Mescolare insieme la pasta di zenzero, la pasta di aglio, i peperoncini verdi, il peperoncino in polvere, il garam masala, il succo di limone, la curcuma e il sale. Marinare il pollo con questa miscela per 3 ore.

- Scaldare l'olio in una padella. Strofinare ogni pezzo di pollo marinato nel pangrattato e friggerlo a fuoco medio fino a doratura.

- Scolare su carta da cucina e servire tiepido.

Suprema di pollo

Per 4 persone

ingredienti

1 cucchiaino di pasta di zenzero

1 cucchiaino di pasta d'aglio

1 kg di pollo, tagliato in 8 pezzi

200 g di yogurt

Sale a piacere

250 ml di acqua

2 cucchiai di olio vegetale raffinato

2 cipolle grandi, tritate

4 peperoni rossi

5 cm/2 pollici di cannella

2 baccelli di cardamomo nero

4 chiodi di garofano

1 cucchiaio di chana dhal*, tostato a secco

Metodo

- Mescolare insieme la pasta di zenzero e la pasta di aglio. Marinare il pollo con questa miscela per 30 minuti. Aggiungere yogurt, sale e acqua. Mettere da parte.

- Scaldare l'olio in una casseruola. Aggiungi cipolle, peperoncini, cannella, cardamomo, chiodi di garofano e chana dhal. Fate rosolare per 3-4 minuti a fuoco basso.

- Macinare fino a ottenere una pasta e aggiungere al composto di pollo. Mescolare bene.

- Cuocere a fuoco basso per 30 minuti. Servire caldo.

Vindaloo pollo

(Pollo al curry piccante di Goa)

Per 4 persone

ingredienti

60 ml di aceto di malto

1 cucchiaio di semi di cumino

1 cucchiaino di pepe in grani

6 peperoni rossi

1 cucchiaino di curcuma

Sale a piacere

4 cucchiai di olio vegetale raffinato

3 cipolle grandi, tritate finemente

1 kg di pollo, tagliato in 8 pezzi

Metodo

- Macinare l'aceto con i semi di cumino, i grani di pepe, i peperoncini, la curcuma e il sale fino ad ottenere una pasta liscia. Mettere da parte.

- Scaldare l'olio in una casseruola. Aggiungere le cipolle e friggerle fino a renderle traslucide. Aggiungere l'aceto e la pasta di semi di cumino. Mescolare bene e friggere per 4-5 minuti.

- Aggiungere il pollo e cuocere a fuoco basso per 30 minuti. Servire caldo.

Pollo caramellato

Per 4 persone

ingredienti

200 g di yogurt

1 cucchiaino di pasta di zenzero

1 cucchiaino di pasta d'aglio

2 cucchiai di coriandolo macinato

1 cucchiaino di cumino macinato

1½ cucchiaino di garam masala

Sale a piacere

1 kg di pollo, tagliato in 8 pezzi

3 cucchiai di olio vegetale raffinato

2 cucchiaini di zucchero

3 chiodi di garofano

1 pollice/2,5 cm di cannella

6 grani di pepe nero

Metodo

- Unisci yogurt, pasta di zenzero, pasta di aglio, coriandolo macinato, cumino macinato, garam masala e sale. Marinare il pollo per una notte con questa miscela.

- Scaldare l'olio in una casseruola. Aggiungere lo zucchero, i chiodi di garofano, la cannella e il pepe in grani. Cuocere per un minuto. Aggiungere il pollo marinato e cuocere a fuoco basso per 40 minuti. Servire caldo.

Pollo agli anacardi

Per 4 persone

ingredienti

1 kg di pollo, tagliato in 12 pezzi

Sale a piacere

1 cucchiaino di pasta di zenzero

1 cucchiaino di pasta d'aglio

4 cucchiai di olio vegetale raffinato

4 cipolle grandi, tritate

15 anacardi, tritati

6 peperoni rossi, ammollati per 15 minuti

2 cucchiaini di cumino macinato

60 ml di ketchup

500 ml/16 once fluide di acqua

Metodo

- Marinare il pollo con il sale e la pasta di zenzero e aglio per 1 ora.

- Scaldare l'olio in una casseruola. Friggere le cipolle a fuoco medio fino a doratura.

- Aggiungi anacardi, paprika, cumino e ketchup. Cuocere per 5 minuti.

- Aggiungi pollo e acqua. Fate cuocere per 40 minuti e servite caldo.

Pollo veloce

Per 4 persone

ingredienti

4 cucchiai di olio vegetale raffinato

6 peperoni rossi

6 grani di pepe nero

1 cucchiaino di semi di coriandolo

1 cucchiaino di semi di cumino

1 pollice/2,5 cm di cannella

4 chiodi di garofano

1 cucchiaino di curcuma

8 spicchi d'aglio

1 cucchiaino di pasta di tamarindo

4 cipolle medie, affettate sottilmente

2 pomodori grandi, tritati finemente

1 kg di pollo, tagliato in 12 pezzi

250 ml di acqua

Sale a piacere

Metodo

- Scaldare mezzo cucchiaio di olio in una padella. Aggiungere peperoncini rossi, pepe in grani, semi di coriandolo, semi di cumino, cannella e chiodi di garofano. Friggerli per 2-3 minuti a fuoco medio.
- Aggiungere la curcuma, l'aglio e la pasta di tamarindo. Macinare il composto in una pasta liscia. Mettere da parte.
- Scaldare l'olio rimanente in una casseruola. Aggiungere le cipolle e friggere a fuoco medio fino a doratura. Aggiungete i pomodorini e fateli rosolare per 3-4 minuti.
- Aggiungere il pollo e friggere per 4-5 minuti.
- Aggiungere acqua e sale. Mescolare bene e coprire con un coperchio. Cuocere a fuoco lento per 40 minuti, mescolando di tanto in tanto.
- Servire caldo.

Pollo al curry Coorgi

Per 4 persone

ingredienti

1 kg di pollo, tagliato in 12 pezzi

Sale a piacere

1 cucchiaino di curcuma

50 g di cocco grattugiato

3 cucchiai di olio vegetale raffinato

1 cucchiaino di pasta d'aglio

2 cipolle grandi, affettate sottilmente

1 cucchiaino di cumino macinato

1 cucchiaino di coriandolo macinato

360 ml di acqua

Metodo

- Marinare il pollo per un'ora con sale e curcuma. Mettere da parte.
- Macinare il cocco con abbastanza acqua fino ad ottenere una pasta liscia.
- Scaldare l'olio in una casseruola. Aggiungere la purea di cocco con la pasta d'aglio, le cipolle, il cumino macinato e il coriandolo. Friggere a fuoco basso per 4-5 minuti.
- Aggiungi il pollo marinato. Mescolare bene e friggere per 4-5 minuti. Aggiungete l'acqua, coprite con un coperchio e lasciate cuocere per 40 minuti. Servire caldo.

Pollo In Padella

Per 4 persone

ingredienti

4 cucchiai di olio vegetale raffinato

1 cucchiaino di pasta di zenzero

1 cucchiaino di pasta d'aglio

2 cipolle grandi, tritate finemente

1 cucchiaino di garam masala

1 cucchiaio e mezzo di anacardi, macinati

1 cucchiaio e mezzo di semi di melone*, suolo

1 cucchiaino di coriandolo macinato

500 g di pollo disossato

200 g di passata di pomodoro

2 dadi per brodo di pollo

250 ml di acqua

Sale a piacere

Metodo

- Scaldare l'olio in una casseruola. Aggiungere la pasta di zenzero, la pasta di aglio, le cipolle e il garam masala. Friggere per 2-3 minuti a fuoco basso. Aggiungi anacardi, semi di melone e coriandolo macinato. Cuocere per 2 minuti.

- Aggiungere il pollo e friggere per 5 minuti. Aggiungete la passata di pomodoro, il dado, l'acqua e il sale. Coprire e cuocere a fuoco lento per 40 minuti. Servire caldo.

Pollo agli spinaci

Per 4 persone

ingredienti

3 cucchiai di olio vegetale raffinato

6 chiodi di garofano

5 cm/2 pollici di cannella

2 foglie di alloro

2 cipolle grandi, tritate finemente

12 spicchi d'aglio, tritati finemente

400 g/14 once di spinaci, tritati grossolanamente

200 g di yogurt

250 ml di acqua

750 g di pollo, tagliato in 8 pezzi

Sale a piacere

Metodo

- Scaldare 2 cucchiai di olio in una padella. Aggiungere i chiodi di garofano, la cannella e le foglie di alloro. Lasciali sputare per 15 secondi.
- Aggiungere le cipolle e friggerle a fuoco medio finché non diventano traslucide.
- Aggiungere aglio e spinaci. Mescolare bene. Cuocere per 5-6 minuti. Raffreddare e macinare con abbastanza acqua fino ad ottenere una pasta liscia.
- Scaldare l'olio rimanente in una casseruola. Aggiungere la pasta di spinaci e friggere per 3-4 minuti. Aggiungi yogurt e acqua. Cuocere per 5-6 minuti. Aggiungi pollo e sale. Cuocere a fuoco basso per 40 minuti. Servire caldo.

Pollo indiano

Per 4 persone

ingredienti

4-5 cucchiai di olio vegetale raffinato

4 cipolle grandi, tritate finemente

1 kg di pollo, tagliato in 10 pezzi

Sale a piacere

500 ml/16 once fluide di acqua

Per il mix di spezie:

Radice di zenzero da 2,5 cm/1 pollice

10 spicchi d'aglio

1 cucchiaio di garam masala

2 cucchiaini di semi di finocchio

1 cucchiaio e mezzo di semi di coriandolo

60 ml di acqua

Metodo

- Macina gli ingredienti del mix di spezie fino a ottenere una pasta liscia. Mettere da parte.
- Scaldare l'olio in una casseruola. Friggere le cipolle a fuoco medio fino a doratura.
- Aggiungere la pasta di spezie, il pollo e il sale. Cuocere per 5-6 minuti. Aggiungere acqua. Coprire e cuocere per 40 minuti. Servire caldo.

Kori Gassi

(Pollo Mangalore con Curry)

Per 4 persone

ingredienti

4 cucchiai di olio vegetale raffinato

6 peperoni rossi interi

1 cucchiaino di pepe nero

4 cucchiaini di semi di coriandolo

2 cucchiaini di semi di cumino

150 g/5½ once di cocco fresco, grattugiato

8 spicchi d'aglio

500 ml/16 once fluide di acqua

3 cipolle grandi, tritate finemente

1 cucchiaino di curcuma

1 kg di pollo, tagliato in 8 pezzi

2 cucchiaini di pasta di tamarindo

Sale a piacere

Metodo

- Scaldare 1 cucchiaino di olio in una padella. Aggiungere peperoni rossi, pepe in grani, semi di coriandolo e semi di cumino. Lasciarli sputare per 15 secondi.
- Macinare questa miscela con il cocco, l'aglio e metà dell'acqua fino a ottenere una pasta.
- Scaldare l'olio rimanente in una padella. Aggiungere cipolle, curcuma e purea di cocco. Friggere a fuoco medio per 5-6 minuti.
- Aggiungere il pollo, la pasta di tamarindo, il sale e l'acqua rimanente. Mescolare bene. Coprite con un coperchio e lasciate cuocere per 40 minuti. Servire caldo.

Pollo Ghezado

(Pollo di Goa)

Per 4 persone

ingredienti

- 3 cucchiai di olio vegetale raffinato
- 2 cipolle grandi, tritate finemente
- 1 cucchiaino di pasta di zenzero
- 1 cucchiaino di pasta d'aglio
- 2 pomodori, tritati finemente
- 1 kg di pollo, tagliato in 8 pezzi
- 1 cucchiaio di coriandolo macinato
- 2 cucchiai di garam masala
- Sale a piacere

- 250 ml di acqua

Metodo

- Scaldare l'olio in una casseruola. Aggiungere le cipolle, la pasta di zenzero e la pasta d'aglio. Cuocere per 2 minuti. Aggiungi pomodori e pollo. Cuocere per 5 minuti.
- Aggiungi tutti gli altri ingredienti. Fate cuocere per 40 minuti e servite caldo.

Pollo in salsa di pomodoro

Per 4 persone

ingredienti

1 cucchiaio di burro chiarificato

Radice di zenzero di 2,5 cm, tritata finemente

10 spicchi d'aglio, tritati finemente

2 cipolle grandi, tritate finemente

4 peperoni rossi

1 cucchiaino di garam masala

1 cucchiaino di curcuma

800 g di passata di pomodoro

1 kg di pollo, tagliato in 8 pezzi

Sale a piacere

200 g di yogurt

Metodo

- Scaldare il burro chiarificato in una padella. Aggiungere lo zenzero, l'aglio, le cipolle, i peperoni rossi, il garam masala e la curcuma. Rosolare per 3 minuti a fuoco medio.
- Aggiungete la passata di pomodoro e fate rosolare per 4 minuti a fuoco basso.
- Aggiungi pollo, sale e yogurt. Mescolare bene.
- Coprite e lasciate cuocere per 40 minuti, mescolando di tanto in tanto. Servire caldo.

Shahenshah Murgh

(Pollo cotto in una salsa speciale)

Per 4 persone

ingredienti

250 g di arachidi ammollate per 4 ore

60 g di uvetta

4 peperoncini verdi, tagliati a fette longitudinalmente

1 cucchiaio di semi di cumino

4 cucchiai di burro chiarificato

1 cucchiaio di cannella in polvere

3 cipolle grandi, tritate finemente

1 kg di pollo, tagliato in 12 pezzi

Sale a piacere

Metodo

- Scolare le arachidi e macinarle con l'uvetta, i peperoni verdi, i semi di cumino e abbastanza acqua fino ad ottenere una pasta liscia. Mettere da parte.
- Scaldare il burro chiarificato in una padella. Aggiungi la cannella in polvere. Lascia cuocere a fuoco lento per 30 secondi.
- Aggiungere le cipolle e la pasta di arachidi e uvetta macinata. Cuocere per 2-3 minuti.
- Aggiungi pollo e sale. Mescolare bene. Cuocere a fuoco basso per 40 minuti, mescolando di tanto in tanto. Servire caldo.

Kip do Pyaaza

(Pollo con cipolle)

Per 4 persone

ingredienti

4 cucchiai di burro chiarificato più extra per friggere

4 chiodi di garofano

½ cucchiaino di semi di finocchio

1 cucchiaino di coriandolo macinato

1 cucchiaino di pepe nero macinato

Radice di zenzero di 2,5 cm, tritata finemente

8 spicchi d'aglio, tritati finemente

4 cipolle grandi, tritate

1 kg di pollo, tagliato in 12 pezzi

½ cucchiaino di curcuma

4 pomodori, tritati finemente

Sale a piacere

Metodo

- Scaldare 4 cucchiai di burro chiarificato in una padella. Aggiungere i chiodi di garofano, i semi di finocchio, il coriandolo macinato e il pepe. Lasciali sputare per 15 secondi.
- Aggiungere lo zenzero, l'aglio e le cipolle. Friggere per 1-2 minuti a fuoco medio.
- Aggiungere pollo, curcuma, pomodori e sale. Mescolare bene. Cuocere a fuoco basso per 30 minuti, mescolando spesso. Servire caldo.

Pollo bengalese

Per 4 persone

ingredienti

300 g di yogurt

1 cucchiaino di pasta di zenzero

1 cucchiaino di pasta d'aglio

3 cipolle grandi, 1 grattugiata e 2 tritate finemente

1 cucchiaino di curcuma

2 cucchiaini di peperoncino in polvere

Sale a piacere

1 kg di pollo, tagliato in 12 pezzi

4 cucchiai di olio di senape

500 ml/16 once fluide di acqua

Metodo

- Mescolare insieme yogurt, pasta di zenzero, pasta di aglio, cipolla, curcuma, peperoncino in polvere e sale. Marinare il pollo con questa miscela per 30 minuti.
- Scaldare l'olio in una casseruola. Aggiungere le cipolle tritate e friggere fino a doratura.
- Aggiungere il pollo marinato, l'acqua e il sale. Mescolare bene. Coprite con un coperchio e lasciate cuocere per 40 minuti. Servire caldo.

Lasooni Murgh

(Pollo cotto con aglio)

Per 4 persone

ingredienti

200 g di yogurt

2 cucchiai di pasta d'aglio

1 cucchiaino di garam masala

2 cucchiai di succo di limone

1 cucchiaino di pepe nero macinato

5 fili di zafferano

Sale a piacere

750 g di pollo disossato, tagliato in 8 pezzi

2 cucchiai di olio vegetale raffinato

60 ml di panna montata

Metodo

- Unisci yogurt, pasta d'aglio, garam masala, succo di limone, pepe, zafferano, sale e pollo. Riponete il composto in frigorifero per una notte.
- Scaldare l'olio in una casseruola. Aggiungete il composto di pollo, coprite con un coperchio e fate cuocere a fuoco basso per 40 minuti, mescolando di tanto in tanto.
- Aggiungere la panna e mescolare per un minuto. Servire caldo.

Caffè al pollo

(Pollo di Goa in salsa di coriandolo)

Per 4 persone

ingredienti

1 kg di pollo, tagliato in 8 pezzi

5 cucchiai di olio vegetale raffinato

250 ml di acqua

Sale a piacere

4 limoni, squartati

Per il sottaceto:

50 g di foglie di coriandolo tritate

Radice di zenzero da 2,5 cm/1 pollice

10 spicchi d'aglio

120 ml di aceto di malto

1 cucchiaio di garam masala

Metodo

- Unisci tutti gli ingredienti della marinata e frullali con abbastanza acqua per formare una pasta liscia. Marinare il pollo con questo composto per un'ora.
- Scaldare l'olio in una casseruola. Aggiungere il pollo marinato e friggere per 5 minuti a fuoco medio. Aggiungere acqua e sale. Coprite con un coperchio e lasciate cuocere per 40 minuti, mescolando di tanto in tanto. Servire caldo con i limoni.

Pollo Con Le Albicocche

Per 4 persone

ingredienti

4 cucchiai di olio vegetale raffinato

3 cipolle grandi, affettate sottilmente

1 cucchiaino di pasta di zenzero

1 cucchiaino di pasta d'aglio

1 kg di pollo, tagliato in 8 pezzi

1 cucchiaino di peperoncino in polvere

1 cucchiaino di curcuma

2 cucchiaini di cumino macinato

2 cucchiai di zucchero

300 g di albicocche secche, ammollate per 10 minuti

60 ml di acqua

1 cucchiaio di aceto di malto

Sale a piacere

Metodo

- Scaldare l'olio in una casseruola. Aggiungere le cipolle, la pasta di zenzero e la pasta d'aglio. Friggere a fuoco medio fino a quando le cipolle saranno dorate.
- Aggiungere il pollo, il peperoncino in polvere, la curcuma, il cumino macinato e lo zucchero. Mescolare bene e friggere per 5-6 minuti.
- Aggiungi gli ingredienti rimanenti. Fate cuocere per 40 minuti e servite caldo.

Pollo grigliato

Per 4 persone

ingredienti

Sale a piacere

1 cucchiaio di aceto di malto

1 cucchiaino di pepe nero macinato

1 cucchiaino di pasta di zenzero

1 cucchiaino di pasta d'aglio

2 cucchiaini di garam masala

1 kg di pollo, tagliato in 8 pezzi

2 cucchiai di burro chiarificato

2 cipolle grandi, tritate

2 pomodori, tritati finemente

Metodo

- Mescolare sale, aceto, pepe, pasta di zenzero, pasta di aglio e garam masala. Marinare il pollo con questo composto per un'ora.
- Scaldare il burro chiarificato in una padella. Aggiungere le cipolle e friggerle a fuoco medio fino a doratura.
- Aggiungi i pomodori e il pollo marinato. Mescolare bene e friggere per 4-5 minuti.
- Togliere dal fuoco e grigliare il composto per 40 minuti. Servire caldo.

Anatra arrosto con pepe

Per 4 persone

ingredienti

2 cucchiai di aceto di malto

1 cucchiaino e mezzo di pasta di zenzero

1 cucchiaino di pasta d'aglio

Sale a piacere

1 cucchiaino di pepe nero macinato

anatra 1kg/2¼lb

2 cucchiai di burro

2 cucchiai di olio vegetale raffinato

3 cipolle grandi, affettate sottilmente

4 pomodori, tritati finemente

1 cucchiaino di zucchero

500 ml/16 once fluide di acqua

Metodo

- Unisci aceto, pasta di zenzero, pasta di aglio, sale e pepe. Forare l'anatra con una forchetta e marinarla con questo composto per 1 ora.
- Scaldare insieme il burro e l'olio in una padella. Aggiungi cipolle e pomodori. Friggere per 3-4 minuti a fuoco medio. Aggiungere l'anatra, lo zucchero e l'acqua. Mescolare bene e cuocere a fuoco lento per 45 minuti. Servire caldo.

Bhuna di pollo

(Pollo cotto nello yogurt)

Per 4 persone

ingredienti

4 cucchiai di olio vegetale raffinato

1 kg di pollo, tagliato in 12 pezzi

1 cucchiaino di pasta di zenzero

1 cucchiaino di pasta d'aglio

½ cucchiaino di curcuma

2 cipolle grandi, tritate finemente

1½ cucchiaino di garam masala

1 cucchiaino di pepe nero appena macinato

150 g di yogurt montato

Sale a piacere

Metodo

- Scaldare l'olio in una casseruola. Aggiungere il pollo e friggere per 6-7 minuti a fuoco medio. Scolare e riservare.
- Allo stesso olio aggiungere la pasta di zenzero, la pasta di aglio, la curcuma e le cipolle. Cuocere a fuoco medio per 2 minuti, mescolando spesso.
- Aggiungere il pollo fritto e tutti gli altri ingredienti. Cuocere per 40 minuti a fuoco basso. Servire caldo.

Pollo al curry con uova

Per 4 persone

ingredienti

6 spicchi d'aglio

Radice di zenzero da 2,5 cm/1 pollice

25 g/1 oz di cocco fresco grattugiato

2 cucchiaini di semi di papavero

1 cucchiaino di garam masala

1 cucchiaino di semi di cumino

1 cucchiaio di semi di coriandolo

1 cucchiaino di curcuma

Sale a piacere

4 cucchiai di olio vegetale raffinato

2 cipolle grandi, tritate finemente

1 kg di pollo, tagliato in 8 pezzi

4 uova, sode e dimezzate

Metodo

- Macinare insieme l'aglio, lo zenzero, il cocco, i semi di papavero, il garam masala, i semi di cumino, i semi di coriandolo, la curcuma e il sale. Mettere da parte.
- Scaldare l'olio in una casseruola. Aggiungi cipolle e pasta macinata. Friggere per 3-4 minuti a fuoco medio. Aggiungere il pollo e mescolare bene.
- Cuocere a fuoco lento per 40 minuti. Decorare con le uova e servire tiepide.

Pollo fritto piccante

Per 4 persone

ingredienti

1 kg di pollo, tagliato in 8 pezzi

8 fl oz/250 ml di olio vegetale raffinato

Per il sottaceto:

1 cucchiaino e mezzo di coriandolo macinato

4 baccelli di cardamomo verde

7,5 cm/3 pollici cannella

½ cucchiaino di semi di finocchio

1 cucchiaio di garam masala

4-6 spicchi d'aglio

Radice di zenzero da 2,5 cm/1 pollice

1 cipolla grande, grattugiata

1 pomodoro grande, frullato

Sale a piacere

Metodo

- Macinare insieme tutti gli ingredienti per la marinata. Marinare il pollo con questa miscela per 30 minuti.
- Cuocere il pollo marinato in una casseruola a fuoco medio per 30 minuti, mescolando di tanto in tanto.
- Scaldare l'olio e friggere il pollo bollito per 5-6 minuti. Servire caldo.

Goan Kombdi

(Pollo al curry di Goa)

Per 4 persone

ingredienti

1 kg di pollo, tagliato in 8 pezzi

Sale a piacere

½ cucchiaino di curcuma

6 peperoni rossi

5 chiodi di garofano

5 cm/2 pollici di cannella

1 cucchiaio di semi di coriandolo

½ cucchiaino di semi di fieno greco

½ cucchiaino di semi di senape

4 cucchiai di olio

1 cucchiaio di pasta di tamarindo

500 ml/16 fl oz di latte di cocco

Metodo

- Marinare il pollo con sale e curcuma per 1 ora. Mettere da parte.
- Macinare i peperoncini, i chiodi di garofano, la cannella, i semi di coriandolo, i semi di fieno greco e i semi di senape fino ad ottenere una pasta con abbastanza acqua.
- Scaldare l'olio in una casseruola. Cuocere l'impasto per 4 minuti. Aggiungere il pollo, la pasta di tamarindo e il latte di cocco. Fate cuocere per 40 minuti e servite caldo.

pollo al curry del sud

Per 4 persone

ingredienti

16 anacardi

6 peperoni rossi

2 cucchiai di semi di coriandolo

½ cucchiaino di semi di cumino

1 cucchiaio di succo di limone

5 cucchiai di burro chiarificato

3 cipolle grandi, tritate finemente

10 spicchi d'aglio, tritati finemente

Radice di zenzero di 2,5 cm, tritata finemente

1 kg di pollo, tagliato in 12 pezzi

1 cucchiaino di curcuma

Sale a piacere

500 ml/16 fl oz di latte di cocco

Metodo

- Macinare gli anacardi, i peperoncini, i semi di coriandolo, i semi di cumino e il succo di limone con abbastanza acqua fino ad ottenere una pasta liscia. Mettere da parte.
- Riscalda il burro chiarificato. Aggiungere cipolle, aglio e zenzero. Cuocere per 2 minuti.
- Aggiungere pollo, curcuma, sale e pasta di anacardi. Cuocere per 5 minuti. Aggiungere il latte di cocco e cuocere a fuoco lento per 40 minuti. Servire caldo.

Pollo Nizami

(Pollo cotto allo zafferano e mandorle)

Per 4 persone

ingredienti

4 cucchiai di olio vegetale raffinato

1 pollo grande, tagliato in 8 pezzi

Sale a piacere

750 ml/1¼ pinta di latte

½ cucchiaino di zafferano, ammollato in 2 cucchiaini di latte

Per il mix di spezie:

1 cucchiaio di pasta di zenzero

3 cucchiai di semi di papavero

5 peperoni rossi

25 g/1 oncia di cocco essiccato

20 mandorle

6 cucchiai di latte

Metodo

- Macina gli ingredienti della miscela di spezie fino a ottenere una pasta liscia.
- Scaldare l'olio in una casseruola. Cuocere l'impasto per 4 minuti a fuoco basso.
- Aggiungi pollo, sale e latte. Cuocere a fuoco lento per 40 minuti, mescolando spesso. Aggiungere lo zafferano e cuocere a fuoco lento per altri 5 minuti. Servire caldo.

bufalo d'anatra

(Anatra cotta con verdure)

Per 4 persone

ingredienti

4 cucchiai di burro chiarificato

3 cipolle grandi, tagliate in quarti

750 g di anatra, tagliata in 8 pezzi

3 patate grandi, tagliate a spicchi

50 g di cavolo cappuccio, tritato

200 g di piselli surgelati

1 cucchiaino di curcuma

4 peperoncini verdi, tagliati a fette longitudinalmente

1 cucchiaino di cannella in polvere

1 cucchiaino di chiodi di garofano macinati

30 g di foglie di menta tritate finemente

Sale a piacere

750 ml/1¼ pinta di acqua

1 cucchiaio di aceto di malto

Metodo

- Scaldare il burro chiarificato in una padella. Aggiungere le cipolle e friggerle a fuoco medio fino a doratura. Aggiungere l'anatra e cuocere per 5-6 minuti.
- Aggiungere il resto degli ingredienti, tranne l'acqua e l'aceto. Cuocere per 8 minuti. Aggiungere acqua e aceto. Cuocere a fuoco lento per 40 minuti. Servire caldo.

Adraki Murgh

(Pollo allo zenzero)

Per 4 persone

ingredienti

- 2 cucchiai di olio vegetale raffinato
- 2 cipolle grandi, tritate finemente
- 2 cucchiai di pasta di zenzero
- ½ cucchiaino di pasta d'aglio
- ½ cucchiaino di curcuma
- 1 cucchiaio di garam masala
- 1 pomodoro, tritato finemente
- 1 kg di pollo, tagliato in 12 pezzi
- Sale a piacere

Metodo

- Scaldare l'olio in una casseruola. Aggiungere le cipolle, la pasta di zenzero e la pasta d'aglio e friggere per 1-2 minuti a fuoco medio.
- Aggiungere tutti gli altri ingredienti e friggere per 5-6 minuti.
- Grigliare il composto per 40 minuti e servire caldo.

Bharva Murgh

(Pollo ripieno)

Per 4 persone

ingredienti

½ cucchiaino di pasta di zenzero

½ cucchiaino di pasta d'aglio

1 cucchiaino di pasta di tamarindo

1 kg di pollo

75 g di burro chiarificato

2 cipolle grandi, tritate finemente

Sale a piacere

3 patate grandi, tritate

2 cucchiaini di coriandolo macinato

1 cucchiaino di cumino macinato

1 cucchiaino di senape in polvere

50 g di foglie di coriandolo tritate

2 chiodi di garofano

1 pollice/2,5 cm di cannella

Metodo

- Mescolare lo zenzero, l'aglio e la pasta di tamarindo. Marinare il pollo con il composto per 3 ore. Mettere da parte.
- Scaldare il burro chiarificato in una padella e friggere le cipolle fino a doratura. Aggiungi tutti gli altri ingredienti tranne il pollo marinato. Cuocere per 6 minuti.
- Riempi questo composto nel pollo marinato. Cuocere in forno a 190°C (gas 5) per 45 minuti. Servire caldo.

Malaidar Murgh

(Pollo cotto in salsa cremosa)

Per 4 persone

ingredienti

4 cucchiai di olio vegetale raffinato

2 cipolle grandi, tritate finemente

cucchiaino di chiodi di garofano macinati

Sale a piacere

1 kg di pollo, tagliato in 12 pezzi

250 ml di acqua

3 pomodori, tritati finemente

125 g/4½ once di yogurt, montato

Crema liquida da 500 ml/16 fl oz

2 cucchiai di anacardi, macinati

10 g di foglie di coriandolo, tritate

Metodo

- Scaldare l'olio in una casseruola. Aggiungere cipolle, chiodi di garofano e sale. Rosolare per 3 minuti a fuoco medio. Aggiungere il pollo e friggere per 7-8 minuti.
- Aggiungere acqua e pomodori. Cuocere per 30 minuti.
- Aggiungere yogurt, panna e anacardi. Lasciare cuocere per 10 minuti.
- Decorare con foglie di coriandolo e servire caldo.

Pollo al curry di Bombay

Per 4 persone

ingredienti

8 cucchiai di olio vegetale raffinato

1 kg di pollo, tagliato in 12 pezzi

2 cipolle grandi, tritate

1 cucchiaino di pasta di zenzero

1 cucchiaino di pasta d'aglio

4 chiodi di garofano, macinati

2,5 cm di cannella in polvere

1 cucchiaino di cumino macinato

Sale a piacere

2 pomodori, tritati finemente

500 ml/16 once fluide di acqua

Metodo

- Scaldare metà dell'olio in una padella. Aggiungere il pollo e cuocere a fuoco medio per 5-6 minuti. Mettere da parte.
- Scaldare l'olio rimanente in una padella. Aggiungere le cipolle, la pasta di zenzero e la pasta d'aglio e friggere a fuoco medio fino a quando le cipolle saranno dorate. Aggiungere il resto degli ingredienti, tranne l'acqua e il pollo. Rosolare per 5-6 minuti.
- Aggiungere il pollo fritto e l'acqua. Fate cuocere per 30 minuti e servite caldo.

Pollo Durbari

(Pollo in salsa ricca)

Per 4 persone

ingredienti

150 g di chana dhal*

Sale a piacere

1 litro/1¾ pinta d'acqua

Radice di zenzero da 2,5 cm/1 pollice

10 spicchi d'aglio

4 peperoni rossi

3 cucchiai di burro chiarificato

2 cipolle grandi, tritate finemente

½ cucchiaino di curcuma

2 cucchiai di garam masala

½ cucchiaio di semi di papavero

2 pomodori, tritati finemente

1 kg di pollo, tagliato in 10-12 pezzi

2 cucchiaini di pasta di tamarindo

20 anacardi, tritati

250 ml di acqua

250 ml/8 fl oz di latte di cocco

Metodo

- Mescolare il dhal con sale e metà dell'acqua. Cuocere in una casseruola a fuoco medio per 45 minuti. Macinare in una pasta con lo zenzero, l'aglio e i peperoni rossi.
- Scaldare il burro chiarificato in una padella. Aggiungi cipolle, miscela dhal e curcuma. Friggere per 3-4 minuti a fuoco medio. Aggiungi tutti gli altri ingredienti.
- Mescolare bene e cuocere a fuoco lento per 40 minuti, mescolando di tanto in tanto. Servire caldo.

Anatra fritta

Per 4 persone

ingredienti

3 cucchiai di aceto di malto

2 cucchiai di coriandolo macinato

½ cucchiaino di pepe nero macinato

Sale a piacere

1 kg di anatra, tagliata in 8 pezzi

60 ml di olio vegetale raffinato

2 cipolle piccole

1 litro/1¾ pinta di acqua calda

Metodo

- Mescolare l'aceto con il coriandolo macinato, sale e pepe. Marinare l'anatra con questa miscela per 1 ora.
- Scaldare l'olio in una casseruola. Friggere le cipolle a fuoco medio fino a doratura.
- Aggiungere acqua, sale e anatra. Fate cuocere per 45 minuti e servite caldo.

Pollo al coriandolo e aglio

Per 4 persone

ingredienti

4 cucchiai di olio vegetale raffinato

5 cm/2 pollici di cannella

3 baccelli di cardamomo verde

4 chiodi di garofano

2 foglie di alloro

3 cipolle grandi, tritate finemente

10 spicchi d'aglio, tritati finemente

1 cucchiaino di pasta di zenzero

3 pomodori, tritati finemente

1 pollo grande, tagliato a pezzi

250 ml di acqua

150 g di foglie di coriandolo, tritate

Sale a piacere

Metodo

- Scaldare l'olio in una casseruola. Aggiungere la cannella, il cardamomo, i chiodi di garofano, le foglie di alloro, le cipolle, l'aglio e la pasta di zenzero. Cuocere per 2-3 minuti.
- Aggiungi tutti gli altri ingredienti. Fate cuocere per 40 minuti e servite caldo.

Masala d'anatra

Per 4 persone

ingredienti

30 g di burro chiarificato più 1 cucchiaio per friggere

1 cipolla grande, affettata sottilmente

1 cucchiaino di pasta di zenzero

1 cucchiaino di pasta d'aglio

1 cucchiaino di coriandolo macinato

½ cucchiaino di pepe nero macinato

1 cucchiaino di curcuma

1 kg di anatra, tagliata in 12 pezzi

1 cucchiaio di aceto di malto

Sale a piacere

5 cm/2 pollici di cannella

3 chiodi di garofano

1 cucchiaino di semi di senape

Metodo

- Scaldare 30 g di burro chiarificato in una padella. Aggiungere la cipolla, la pasta di zenzero, la pasta di aglio, il coriandolo, il pepe e la curcuma. Cuocere per 6 minuti.
- Aggiungi l'anatra. Rosolare a fuoco medio per 5 minuti. Aggiungi aceto e sale. Mescolare bene e cuocere a fuoco lento per 40 minuti. Mettere da parte.
- Scaldare il resto del burro chiarificato in una padella e aggiungere la cannella, i chiodi di garofano e i semi di senape. Lasciali sputare per 15 secondi. Versare sopra il composto d'anatra e servire caldo.

Pollo alla senape

Per 4 persone

ingredienti

2 pomodori grandi, tritati finemente

10 g di foglie di menta, tritate finemente

30 g di foglie di coriandolo tritate

Radice di zenzero di 2,5 cm, sbucciata

8 spicchi d'aglio

3 cucchiai di olio di senape

2 cucchiaini di semi di senape

½ cucchiaino di semi di fieno greco

1 kg di pollo, tagliato in 12 pezzi

500 ml/16 fl oz di acqua tiepida

Sale a piacere

Metodo

- Macinare i pomodori, le foglie di menta, le foglie di coriandolo, lo zenzero e l'aglio fino ad ottenere una pasta liscia. Mettere da parte.
- Scaldare l'olio in una casseruola. Aggiungi semi di senape e semi di fieno greco. Lasciali sputare per 15 secondi.
- Aggiungete la passata di pomodoro e fate rosolare per 2-3 minuti a fuoco medio. Aggiungere il pollo, l'acqua e il sale. Mescolare bene e cuocere a fuoco lento per 40 minuti. Servire caldo.

Murgh Lassanwallah

(pollo all'aglio)

Per 4 persone

ingredienti

Yogurt 400 g/14 once

3 cucchiaini di pasta d'aglio

1½ cucchiaino di garam masala

Sale a piacere

750 g di pollo disossato, tagliato in 12 pezzi

1 cucchiaio di olio vegetale raffinato

1 cucchiaino di semi di cumino

25 g/foglie piccole di aneto

500 ml di latte

1 cucchiaio di pepe nero macinato

Metodo

- Mescolare insieme lo yogurt, la pasta d'aglio, il garam masala e il sale. Marinare il pollo con questa miscela per 10-12 ore.
- Riscaldare l'olio. Aggiungere i semi di cumino e lasciarli scoppiettare per 15 secondi. Aggiungere il pollo marinato e friggere per 20 minuti a fuoco medio.
- Aggiungere le foglie di aneto, il latte e il pepe. Lasciare cuocere per 15 minuti. Servire caldo.

Chettinad di pollo al pepe

(Pollo dell'India meridionale con pepe in grani)

Per 4 persone

ingredienti

2½ cucchiai di olio vegetale raffinato

10 foglie di curry

3 cipolle grandi, tritate finemente

1 cucchiaino di pasta di zenzero

1 cucchiaino di pasta d'aglio

½ cucchiaino di curcuma

2 pomodori, tritati finemente

½ cucchiaino di semi di finocchio macinati

cucchiaino di chiodi di garofano macinati

500 ml/16 once fluide di acqua

1 kg di pollo, tagliato in 12 pezzi

Sale a piacere

1 cucchiaino e mezzo di pepe nero macinato grossolanamente

Metodo

- Scaldare l'olio in una casseruola. Aggiungere foglie di curry, cipolle, pasta di zenzero e pasta di aglio. Friggere per un minuto a fuoco medio.
- Aggiungi tutti gli altri ingredienti. Fate cuocere per 40 minuti e servite caldo.

Pollo Tritato Con Uova

Per 4 persone

ingredienti

3 cucchiai di olio vegetale raffinato

4 uova, sode e affettate

2 cipolle grandi, tritate finemente

2 cucchiaini di pasta di zenzero

2 cucchiaini di pasta d'aglio

2 pomodori, tritati finemente

1 cucchiaino di cumino macinato

2 cucchiaini di coriandolo macinato

½ cucchiaino di curcuma

8-10 foglie di curry

1 cucchiaino di garam masala

750 g/1 libbra di pollo, tagliato a pezzi

Sale a piacere

360 ml di acqua

Metodo

- Scaldare l'olio in una casseruola. Aggiungi le uova. Cuocere per 2 minuti e mettere da parte.
- Nello stesso olio aggiungere le cipolle, la pasta di zenzero e la pasta di aglio. Friggere per 2-3 minuti a fuoco medio.
- Aggiungere tutti gli altri ingredienti tranne l'acqua. Mescolare bene e friggere per 5 minuti. Aggiungere acqua. Cuocere a fuoco lento per 30 minuti.
- Decorare con le uova. Servire caldo.

Pollo secco

Per 4 persone

ingredienti

1 kg di pollo, tagliato in 12 pezzi

6 cucchiai di olio vegetale raffinato

3 cipolle grandi, affettate sottilmente

Per il sottaceto:

8 peperoni rossi

1 cucchiaio di semi di sesamo

1 cucchiaio di semi di coriandolo

1 cucchiaino di garam masala

4 baccelli di cardamomo verde

10 spicchi d'aglio

3,5 cm/1½ in radice di zenzero

6 cucchiai di aceto di malto

Sale a piacere

Metodo

- Macinare insieme tutti gli ingredienti della marinata fino ad ottenere una pasta liscia. Marinare il pollo con questa pasta per 3 ore.
- Scaldare l'olio in una casseruola. Friggere le cipolle a fuoco basso fino a doratura. Aggiungere il pollo e cuocere per 40 minuti, mescolando spesso. Servire caldo.

Spiedino di pesce

Per 4 persone

ingredienti

1 kg di pesce spada, senza pelle e sfilettato

4 cucchiai di olio vegetale raffinato più un po' di più per friggere

75 g/2½ once di chana dhal*, ammollato per 30 minuti in 250 ml di acqua

3 chiodi di garofano

½ cucchiaino di semi di cumino

Radice di zenzero di 2,5 cm, grattugiata

10 spicchi d'aglio

1 pollice/2,5 cm di cannella

2 baccelli di cardamomo nero

8 grani di pepe nero

4 peperoni rossi secchi

cucchiaino: curcuma

1 cucchiaio di yogurt greco

1 cucchiaino di semi di cumino nero

Per il ripieno:

2 fichi secchi, tritati finemente

4 albicocche secche, tritate finemente

Succo di 1 limone

10 g di foglie di menta, tritate finemente

10 g di foglie di coriandolo, tritate finemente

Sale a piacere

Metodo

- Cuocere a vapore il pesce per 10 minuti a fuoco medio. Mettere da parte.

- Scaldare 2 cucchiai di olio in una padella. Scolare il dhal e friggerlo a fuoco medio fino a doratura.

- Mescolare il dhal con chiodi di garofano, semi di cumino, zenzero, aglio, cannella, cardamomo, pepe in grani, peperoni rossi, curcuma, yogurt e semi di cumino nero. Macinare questa miscela con abbastanza acqua fino a ottenere una pasta liscia. Mettere da parte.

- Scaldare 2 cucchiai di olio in una padella. Aggiungere questa pasta e friggerla per 4-5 minuti a fuoco medio.

- Aggiungere il pesce al vapore. Mescolare bene e mescolare per 2 minuti.

- Dividete il composto in 8 porzioni e formate delle polpette. Mettere da parte.

- Mescolare insieme tutti gli ingredienti per il ripieno. Dividere in 8 porzioni.

- Appiattire le polpette e posizionare con cura un po' del ripieno sopra ogni torta. Chiudete a sacchetto e arrotolate nuovamente fino a formare una palla. Tocca le palline in modo piatto.

- Scaldare l'olio per friggere in una padella. Aggiungere le polpette e friggerle a fuoco medio fino a doratura. Torna indietro e ripeti.

- Scolare su carta da cucina e servire tiepido.

Braciole di pesce

Per 4 persone

ingredienti

Coda di rana pescatrice da 500 g/1 lb 2 oz, senza pelle e sfilettata

500 ml/16 once fluide di acqua

Sale a piacere

1 cucchiaio di olio vegetale raffinato più un po' di più per friggere

1 cucchiaio di pasta di zenzero

1 cucchiaio di pasta d'aglio

1 cipolla grande, grattugiata finemente

4 peperoncini verdi, grattugiati

½ cucchiaino di curcuma

1 cucchiaino di garam masala

1 cucchiaino di cumino macinato

1 cucchiaino di peperoncino in polvere

1 pomodoro, sbollentato e affettato

25 g/foglie piccole di coriandolo, tritate finemente

2 cucchiai di foglie di menta, tritate finemente

400 g di piselli cotti

2 fette di pane ammollate nell'acqua e scolate

50 g di pangrattato

Metodo

- Mettete il pesce in una padella con l'acqua. Aggiungete il sale e fate cuocere a fuoco medio per 20 minuti. Scolare e riservare.

- Per il ripieno, scaldare 1 cucchiaio di olio in una padella. Aggiungere la pasta di zenzero, la pasta di aglio e la cipolla. Friggere per 2-3 minuti a fuoco medio.

- Aggiungere peperoncini verdi, curcuma, garam masala, cumino macinato e peperoncino in polvere. Cuocere per un minuto.

- Aggiungere il pomodoro. Cuocere per 3-4 minuti.

- Aggiungete le foglie di coriandolo, le foglie di menta, i piselli e le fette di pane. Mescolare bene. Cuocere a fuoco basso per 7-8 minuti, mescolando di tanto in tanto. Togliere dal fuoco e impastare bene il composto. Dividetelo in 8 porzioni uguali e tenete da parte.

- Frullare il pesce cotto e dividerlo in 8 porzioni.

- Formate con ciascuna porzione di pesce una coppa e riempitela con un po' del composto di ripieno. Sigillare come un sacchetto, formare una palla e modellare come una cotoletta. Ripetere l'operazione per le rimanenti porzioni di pesce e il composto di ripieno.

- Scaldare l'olio per friggere in una padella. Arrotolare le cotolette nel pangrattato e friggerle a fuoco medio fino a doratura. Servire caldo.

Pesce Sookha

(Pesce essiccato alle erbe)

Per 4 persone

ingredienti

Radice di zenzero da 1 cm

10 spicchi d'aglio

1 cucchiaio di foglie di coriandolo, tritate finemente

3 peperoni verdi

1 cucchiaino di curcuma

3 cucchiaini di peperoncino in polvere

Sale a piacere

1 kg di pesce spada, senza pelle e sfilettato

50 g di cocco essiccato

6-7 kokum*, ammollato per 1 ora in 120 ml di acqua

4 cucchiai di olio vegetale raffinato

60 ml di acqua

Metodo

- Mescolare insieme zenzero, aglio, foglie di coriandolo, peperoncini verdi, curcuma, peperoncino in polvere e sale. Macinare questa miscela in una pasta liscia.

- Marinare il pesce con la pastella per 1 ora.

- Scaldare una pentola. Aggiungi il cocco. Arrostire a secco a fuoco medio per un minuto.

- Scartare le bacche di kokum e aggiungere l'acqua di kokum. Mescolare bene. Togliere dal fuoco e aggiungere questo composto al pesce marinato.

- Scaldare l'olio in una casseruola. Aggiungete il composto di pesce e fate cuocere a fuoco medio per 4-5 minuti.

- Aggiungere acqua. Mescolare bene. Coprite con un coperchio e lasciate cuocere per 20 minuti, mescolando di tanto in tanto.

- Servire caldo.

Mahya Kalia

(Pesce con Cocco, Semi di Sesamo e Arachidi)

Per 4 persone

ingredienti

100 g di cocco fresco, grattugiato

1 cucchiaino di semi di sesamo

1 cucchiaio di arachidi

1 cucchiaio di pasta di tamarindo

1 cucchiaino di curcuma

1 cucchiaino di coriandolo macinato

Sale a piacere

250 ml di acqua

Filetti di pesce spada da 500 g

1 cucchiaio di foglie di coriandolo tritate

Metodo

- Tostare insieme a secco il cocco, i semi di sesamo e le arachidi. Mescolare con pasta di tamarindo, curcuma, coriandolo macinato e sale. Macinare con abbastanza acqua fino ad ottenere una pasta liscia.

- Far bollire questa miscela con l'acqua rimanente in una casseruola a fuoco medio per 10 minuti, mescolando spesso. Aggiungere i filetti di pesce e cuocere a fuoco lento per 10-12 minuti. Decorare con foglie di coriandolo e servire caldo.

Rosachi al curry di gamberetti

(Gamberetti cotti al cocco)

Per 4 persone

ingredienti

200 g/7 once di cocco fresco, grattugiato

5 peperoni rossi

1 cucchiaino e mezzo di semi di coriandolo

1 cucchiaino e mezzo di semi di papavero

1 cucchiaino di semi di cumino

½ cucchiaino di curcuma

6 spicchi d'aglio

120 ml di olio vegetale raffinato

2 cipolle grandi, tritate finemente

2 pomodori, tritati finemente

250 g di gamberi, sgusciati e privati dei peli

Sale a piacere

Metodo

- Macinare il cocco, i peperoncini, il coriandolo, i semi di papavero, i semi di cumino, la curcuma e l'aglio con abbastanza acqua fino ad ottenere una pasta liscia. Mettere da parte.

- Scaldare l'olio in una casseruola. Friggere le cipolle a fuoco basso fino a doratura.

- Aggiungere la pasta di peperoncino al cocco macinato, ai pomodori, ai gamberetti e al sale. Mescolare bene. Cuocere per 15 minuti, mescolando di tanto in tanto. Servire caldo.

Pesce Ripieno Con Datteri E Mandorle

Per 4 persone

ingredienti

4 trote da 250 g ciascuna, tagliate verticalmente

½ cucchiaino di peperoncino in polvere

1 cucchiaino di pasta di zenzero

250 g di datteri freschi senza semi, sbollentati e tritati finemente

75 g di mandorle, pelate e tritate finemente

2-3 cucchiai di riso al vapore (vediQui)

1 cucchiaino di zucchero

¼ cucchiaino di cannella in polvere

½ cucchiaino di pepe nero macinato

Sale a piacere

1 cipolla grande, affettata sottilmente

Metodo

- Marinare il pesce con il peperoncino in polvere e la pasta di zenzero per 1 ora.

- Mescolare insieme datteri, mandorle, riso, zucchero, cannella, sale e pepe. Impastare fino ad ottenere un impasto morbido. Mettere da parte.

- Riempire le fessure del pesce marinato con la pasta di datteri e mandorle. Disporre il pesce ripieno su un foglio di carta stagnola e cospargervi sopra la cipolla.

- Avvolgere il pesce e la cipolla nella carta stagnola e sigillare bene i bordi.

- Cuocere in forno a 200°C, gas 6, per 15-20 minuti. Togliere la pellicola dalla confezione e cuocere il pesce per altri 5 minuti. Servire caldo.

Pesce Tandoori

Per 4 persone

ingredienti

1 cucchiaino di pasta di zenzero

1 cucchiaino di pasta d'aglio

½ cucchiaino di garam masala

1 cucchiaino di peperoncino in polvere

1 cucchiaio di succo di limone

Sale a piacere

500 g di filetti di coda di rana pescatrice

1 cucchiaio di chaat masala*

Metodo

- Mescolare pasta di zenzero, pasta di aglio, garam masala, peperoncino in polvere, succo di limone e sale.

- Fai dei tagli sul pesce. Marinare per 2 ore con la miscela di zenzero e aglio.

- Grigliare il pesce per 15 minuti. Cospargere con chaat masala. Servire caldo.

Pesce Con Verdure

Per 4 persone

ingredienti

Filetti di salmone da 750 g/1 libbra, senza pelle

½ cucchiaino di curcuma

Sale a piacere

2 cucchiai di olio di senape

cucchiaino di semi di senape

cucchiaino di semi di finocchio

cucchiaino di semi di cipolla

cucchiaino di semi di fieno greco

cucchiaino di semi di cumino

2 foglie di alloro

2 peperoni rossi secchi, tagliati a metà

1 cipolla grande, affettata sottilmente

2 peperoncini verdi grandi, tagliati a fette longitudinalmente

½ cucchiaino di zucchero

125 g di piselli in scatola

1 patata grande, tagliata a strisce

2-3 melanzane piccole, tagliate a julienne

250 ml di acqua

Metodo

- Marinare il pesce con la curcuma e il sale per 30 minuti.

- Scaldare l'olio in una casseruola. Aggiungere il pesce marinato e cuocere a fuoco medio per 4-5 minuti, girando di tanto in tanto. Scolare e riservare.

- Allo stesso olio aggiungere senape, finocchio, cipolla, fieno greco e semi di cumino. Lasciali sputare per 15 secondi.

- Aggiungi foglie di alloro e peperoni rossi. Cuocere per 30 secondi.

- Aggiungi cipolla e peperone verde. Friggere a fuoco medio fino a quando la cipolla diventa dorata.

- Aggiungere lo zucchero, i piselli, le patate e le melanzane. Mescolare bene. Cuocere la miscela per 7-8 minuti.

- Aggiungere il pesce fritto e l'acqua. Mescolare bene. Coprite con un coperchio e lasciate cuocere per 12-15 minuti, mescolando di tanto in tanto.

- Servire caldo.

Tandoor Gulnar

(Trota cotta nel Tandoor)

Per 4 persone

ingredienti

4 trote, 250 g/9 once ciascuna

Burro per spennellare

Per la prima marinata:

120 ml di aceto di malto

2 cucchiai di succo di limone

2 cucchiaini di pasta d'aglio

½ cucchiaino di peperoncino in polvere

Sale a piacere

Per la seconda marinata:

Yogurt 400 g/14 once

1 uovo

1 cucchiaino di pasta d'aglio

2 cucchiaini di pasta di zenzero

120 ml di panna fresca liquida

180 g di besan*

Gamberetti con masala verde

Per 4 persone

ingredienti

Radice di zenzero da 1 cm

8 spicchi d'aglio

3 peperoncini verdi, tagliati a fette longitudinalmente

50 g di foglie di coriandolo tritate

1 cucchiaio e mezzo di olio vegetale raffinato

2 cipolle grandi, tritate finemente

2 pomodori, tritati finemente

500 g di gamberi grandi, sgusciati e privati dei peli

1 cucchiaino di pasta di tamarindo

Sale a piacere

½ cucchiaino di curcuma

Metodo

- Macina insieme lo zenzero, l'aglio, i peperoncini e le foglie di coriandolo. Mettere da parte.
- Scaldare l'olio in una casseruola. Friggere le cipolle a fuoco basso fino a doratura.
- Aggiungere la pasta di aglio e zenzero e i pomodori. Cuocere per 4-5 minuti.
- Aggiungere i gamberetti, la pasta di tamarindo, il sale e la curcuma. Mescolare bene. Cuocere per 15 minuti, mescolando di tanto in tanto. Servire caldo.

Cotoletta di pesce

Per 4 persone

ingredienti

2 uova

1 cucchiaio di farina bianca semplice

Sale a piacere

400 g San Pietro, senza pelle e sfilettati

500 ml/16 once fluide di acqua

2 patate grandi, bollite e schiacciate

1½ cucchiaino di garam masala

1 cipolla grande, grattugiata

1 cucchiaino di pasta di zenzero

Olio vegetale raffinato per friggere

200 g di pangrattato

Metodo

- Sbattere le uova con farina e sale. Mettere da parte.
- Lessare il pesce in acqua salata in una casseruola a fuoco medio per 15-20 minuti. Scolateli e impastateli con le patate, il garam masala, la cipolla, la pasta di zenzero e il sale fino ad ottenere un impasto morbido.
- Dividetelo in 16 porzioni, formate delle palline e appiattitele leggermente fino a formare delle cotolette.
- Scaldare l'olio in una padella. Immergere le cotolette nell'uovo sbattuto, passarle nel pangrattato e friggerle a fuoco basso fino a doratura. Servire caldo.

Parsi Vis Sas

(Pesce cotto in salsa bianca)

Per 4 persone

ingredienti

1 cucchiaio di farina di riso

1 cucchiaio di zucchero

60 ml di aceto di malto

2 cucchiai di olio vegetale raffinato

2 cipolle grandi, affettate sottilmente

½ cucchiaino di pasta di zenzero

½ cucchiaino di pasta d'aglio

1 cucchiaino di cumino macinato

Sale a piacere

250 ml di acqua

8 filetti di sogliola al limone

2 uova, sbattute

Metodo

- Macinare la farina di riso con lo zucchero e l'aceto fino a ottenere una pasta. Mettere da parte.
- Scaldare l'olio in una casseruola. Friggere le cipolle a fuoco basso fino a doratura.
- Aggiungere pasta di zenzero, pasta di aglio, cumino macinato, sale, acqua e pesce. Cuocere a fuoco basso per 25 minuti, mescolando di tanto in tanto.
- Aggiungere il composto di farina e friggere per un minuto.
- Aggiungere con attenzione le uova. Mescolare per un minuto. Guarnire e servire caldo.

Peshawari Machhi

Per 4 persone

ingredienti

3 cucchiai di olio vegetale raffinato

1 kg di salmone, tagliato a tranci

Radice di zenzero di 2,5 cm, grattugiata

8 spicchi d'aglio schiacciati

2 cipolle grandi, tritate

3 pomodori, sbollentati e tagliati

1 cucchiaino di garam masala

Yogurt 400 g/14 once

cucchiaino: curcuma

1 cucchiaino di amchoor*

Sale a piacere

Metodo

- Riscaldare l'olio. Friggere il pesce a fuoco basso fino a doratura. Scolare e riservare.

- Nello stesso olio aggiungere lo zenzero, l'aglio e le cipolle. Fate rosolare a fuoco basso per 6 minuti. Aggiungere il pesce fritto e tutti gli altri ingredienti. Mescolare bene.
- Fate cuocere per 20 minuti e servite caldo.

curry di granchio

Per 4 persone

ingredienti

4 granchi medi, puliti (vedi tecniche di cottura)

Sale a piacere

1 cucchiaino di curcuma

½ cocco, grattugiato

6 spicchi d'aglio

4-5 peperoni rossi

1 cucchiaio di semi di coriandolo

1 cucchiaio di semi di cumino

1 cucchiaino di pasta di tamarindo

3-4 peperoncini verdi, tagliati a fette longitudinalmente

1 cucchiaio di olio vegetale raffinato

1 cipolla grande, tritata finemente

Metodo

- Marinare i granchi con sale e curcuma per 30 minuti.
- Macinare tutti gli altri ingredienti, tranne l'olio e la cipolla, con acqua sufficiente fino ad ottenere una pasta liscia.
- Scaldare l'olio in una casseruola. Friggere la pasta macinata e la cipolla a fuoco basso finché la cipolla non sarà dorata. Aggiungi un po' d'acqua. Cuocere a fuoco lento per 7-8 minuti, mescolando di tanto in tanto. Aggiungere i granchi marinati. Mescolare bene e cuocere a fuoco lento per 5 minuti. Servire caldo.

pesce alla senape

Per 4 persone

ingredienti

8 cucchiai di olio di senape

4 trote, 250 g/9 once ciascuna

2 cucchiaini di cumino macinato

2 cucchiaini di senape macinata

1 cucchiaino di coriandolo macinato

½ cucchiaino di curcuma

120 ml di acqua

Sale a piacere

Metodo

- Scaldare l'olio in una casseruola. Aggiungere il pesce e friggere per 1-2 minuti a fuoco medio. Capovolgi il pesce e ripeti. Scolare e riservare.
- Allo stesso olio aggiungere cumino macinato, senape e coriandolo. Lasciali sputare per 15 secondi.
- Aggiungere la curcuma, l'acqua, il sale e il pesce fritto. Mescolare bene e cuocere a fuoco lento per 10-12 minuti. Servire caldo.

Meno Vattichathu

(Scorfano cotto alle erbe)

Per 4 persone

ingredienti

600 g di pesce spada, senza pelle e sfilettato

½ cucchiaino di curcuma

Sale a piacere

3 cucchiai di olio vegetale raffinato

½ cucchiaino di semi di senape

½ cucchiaino di semi di fieno greco

8 foglie di curry

2 cipolle grandi, affettate sottilmente

8 spicchi d'aglio, tritati finemente

5 cm di zenzero, tagliato a fettine sottili

6 kokum*

Metodo

- Marinare il pesce con la curcuma e il sale per 2 ore.
- Scaldare l'olio in una casseruola. Aggiungi senape e semi di fieno greco. Lasciali sputare per 15 secondi. Aggiungi tutti gli altri ingredienti e il pesce marinato. Fate rosolare a fuoco basso per 15 minuti. Servire caldo.

Ciao Maach

(Pesce cotto nello yogurt)

Per 4 persone

ingredienti

4 trote sbucciate e sfilettate

2 cucchiai di olio vegetale raffinato

2 foglie di alloro

1 cipolla grande, tritata finemente

2 cucchiaini di zucchero

Sale a piacere

200 g di yogurt

Per il sottaceto:

3 chiodi di garofano

Pezzetto di cannella da 5 cm/2 pollici

3 baccelli di cardamomo verde

Radice di zenzero da 5 cm/2 pollici

1 cipolla grande, affettata sottilmente

1 cucchiaino di curcuma

Sale a piacere

Metodo

- Macinare insieme tutti gli ingredienti per la marinata. Marinare il pesce con questa miscela per 30 minuti.
- Scaldare l'olio in una casseruola. Aggiungere le foglie di alloro e la cipolla. Fate rosolare a fuoco basso per 3 minuti. Aggiungere lo zucchero, il sale e il pesce marinato. Mescolare bene.
- Far rosolare per 10 minuti. Aggiungere lo yogurt e cuocere per 8 minuti. Servire caldo.

Pesce fritto

Per 4 persone

ingredienti

6 cucchiai di besan*

2 cucchiaini di garam masala

1 cucchiaino di amchoor*

1 cucchiaino di semi di ajwain

1 cucchiaino di pasta di zenzero

1 cucchiaino di pasta d'aglio

Sale a piacere

Coda di rana pescatrice da 675 g/1½ lb, senza pelle e sfilettata

Olio vegetale raffinato per friggere

Metodo

- Mescolare tutti gli ingredienti, tranne il pesce e l'olio, con abbastanza acqua per formare una pasta densa. Marinare il pesce con questa pasta per 4 ore.
- Scaldare l'olio in una padella. Aggiungere il pesce e friggere per 4-5 minuti a fuoco medio. Girare e cuocere nuovamente per 2-3 minuti. Servire caldo.

Cotoletta Machher

Per 4 persone

ingredienti

500 g di salmone, senza pelle e sfilettato

Sale a piacere

500 ml/16 once fluide di acqua

250 g di patate, bollite e schiacciate

200 ml di olio di senape

2 cipolle grandi, tritate finemente

½ cucchiaino di pasta di zenzero

½ cucchiaino di pasta d'aglio

1½ cucchiaino di garam masala

1 uovo sbattuto

200 g di pangrattato

Olio vegetale raffinato per friggere

Metodo

- Mettete il pesce in una padella con il sale e l'acqua. Cuocere a fuoco medio per 15 minuti. Scolatele e schiacciatele con le patate. Mettere da parte.
- Scaldare l'olio in una padella. Aggiungere le cipolle e friggerle a fuoco medio fino a doratura. Aggiungete il

composto di pesce e tutti gli altri ingredienti tranne l'uovo e il pangrattato. Mescolare bene e cuocere a fuoco basso per 10 minuti.

- Lasciare raffreddare e dividere in palline grandi quanto un limone. Appiattire e formare delle cotolette.
- Scaldare l'olio per friggere in una padella. Immergere le costolette nell'uovo, arrotolarle nel pangrattato e friggerle a fuoco medio fino a doratura. Servire caldo.

Pesce spada di Goa

(Pesce spada cucinato alla Goa)

Per 4 persone

ingredienti

50 g di cocco fresco, grattugiato

1 cucchiaino di semi di coriandolo

1 cucchiaino di semi di cumino

1 cucchiaino di semi di papavero

4 spicchi d'aglio

1 cucchiaio di pasta di tamarindo

250 ml di acqua

Olio vegetale raffinato per friggere

1 cipolla grande, tritata finemente

1 cucchiaio di kokum*

Sale a piacere

½ cucchiaino di curcuma

4 bistecche di pesce spada

Metodo

- Macinare il cocco, i semi di coriandolo, i semi di cumino, i semi di papavero, l'aglio e la pasta di tamarindo insieme a abbastanza acqua per formare una pasta liscia. Mettere da parte.
- Scaldare l'olio in una casseruola. Aggiungere la cipolla e soffriggere a fuoco medio fino a doratura.
- Aggiungere l'impasto macinato e friggere per 2 minuti. Aggiungi gli ingredienti rimanenti. Mescolare bene e cuocere a fuoco lento per 15 minuti. Servire caldo.

Masala di pesce secco

Per 4 persone

ingredienti

6 filetti di salmone

¼ di cocco fresco, grattugiato

7 peperoni rossi

1 cucchiaio di curcuma

Sale a piacere

Metodo

- Grigliare i filetti di pesce per 20 minuti. Mettere da parte.
- Macinare insieme gli ingredienti rimanenti fino ad ottenere una pasta liscia.
- Mescolare con il pesce. Far bollire il composto in una padella a fuoco basso per 15 minuti. Servire caldo.

Curry di gamberi di Madras

Per 4 persone

ingredienti

3 cucchiai di olio vegetale raffinato

3 cipolle grandi, tritate finemente

12 spicchi d'aglio, tritati finemente

3 pomodori, sbollentati e tagliati

½ cucchiaino di curcuma

Sale a piacere

1 cucchiaino di peperoncino in polvere

2 cucchiai di pasta di tamarindo

750 g di gamberi medi, sgusciati e privati dei peli

4 cucchiai di latte di cocco

Metodo

- Scaldare l'olio in una casseruola. Aggiungere la cipolla e l'aglio e soffriggere per un minuto a fuoco medio. Aggiungere pomodori, curcuma, sale, peperoncino in polvere, pasta di tamarindo e gamberetti. Mescolare bene e friggere per 7-8 minuti.
- Aggiungere il latte di cocco. Fate cuocere per 10 minuti e servite caldo.

Pesce con fieno greco

Per 4 persone

ingredienti

8 cucchiai di olio vegetale raffinato

500 g di salmone, sfilettato

1 cucchiaio di pasta d'aglio

75 g di foglie di fieno greco fresche, tritate finemente

4 pomodori, tritati finemente

2 cucchiaini di coriandolo macinato

1 cucchiaino di cumino macinato

1 cucchiaino di succo di limone

Sale a piacere

1 cucchiaino di curcuma

75 g/2½ once di acqua calda

Metodo

- Scaldare 4 cucchiai di olio in una padella. Aggiungere il pesce e friggerlo a fuoco medio finché non sarà dorato su entrambi i lati. Scolare e riservare.
- Scaldare 4 cucchiai di olio in una padella. Aggiungere la pasta d'aglio. Fate rosolare a fuoco basso per un minuto. Aggiungere il resto degli ingredienti, tranne l'acqua. Far rosolare per 4-5 minuti.
- Aggiungere l'acqua e il pesce fritto. Mescolare bene. Coprite con un coperchio e lasciate cuocere per 10-15 minuti, mescolando di tanto in tanto. Servire caldo.

Karimeen Porichathu

(Filetto di pesce al Masala)

Per 4 persone

ingredienti

1 cucchiaino di peperoncino in polvere

1 cucchiaio di coriandolo macinato

1 cucchiaino di curcuma

1 cucchiaino di pasta di zenzero

2 peperoncini verdi, tritati finemente

Succo di 1 limone

8 foglie di curry

Sale a piacere

8 filetti di salmone

Olio vegetale raffinato per friggere

Metodo

- Unisci tutti gli ingredienti tranne il pesce e l'olio.
- Marinare il pesce con questo composto e riporre in frigorifero per 2 ore.
- Scaldare l'olio in una padella. Aggiungere i pezzi di pesce e friggerli a fuoco medio fino a doratura.
- Servire caldo.

Gamberetti giganti

Per 4 persone

ingredienti

500 g di gamberi grandi, sgusciati e privati dei peli

1 cucchiaino di curcuma

½ cucchiaino di peperoncino in polvere

Sale a piacere

3 cucchiai di olio vegetale raffinato

1 cipolla grande, tritata finemente

½ pollice/1 cm di radice di zenzero, tritata finemente

10 spicchi d'aglio, tritati finemente

2-3 peperoncini verdi, tagliati a fette longitudinalmente

½ cucchiaino di zucchero

250 ml/8 fl oz di latte di cocco

1 cucchiaio di foglie di coriandolo, tritate finemente

Metodo

- Marinare i gamberi con la curcuma, il peperoncino in polvere e il sale per 1 ora.
- Scaldare l'olio in una casseruola. Aggiungere la cipolla, lo zenzero, l'aglio e i peperoncini verdi e soffriggere per 2-3 minuti a fuoco medio.
- Aggiungere lo zucchero, il sale e i gamberi marinati. Mescolare bene e cuocere per 10 minuti. Aggiungere il latte di cocco. Lasciare cuocere per 15 minuti.
- Decorare con foglie di coriandolo e servire caldo.

Pesce marinato

Per 4 persone

ingredienti

Olio vegetale raffinato per friggere

1 kg di pesce spada, senza pelle e sfilettato

1 cucchiaino di curcuma

12 peperoni rossi secchi

1 cucchiaio di semi di cumino

Radice di zenzero da 5 cm/2 pollici

15 spicchi d'aglio

250 ml/8 fl oz aceto di malto

Sale a piacere

Metodo

- Scaldare l'olio in una padella. Aggiungere il pesce e friggere per 2-3 minuti a fuoco medio. Girare e cuocere per 1-2 minuti. Mettere da parte.
- Macinare insieme gli ingredienti rimanenti fino ad ottenere una pasta liscia.
- Cuocere l'impasto in padella a fuoco basso per 10 minuti. Aggiungere il pesce, cuocere 3-4 minuti,

raffreddare e conservare in un barattolo in frigorifero per un massimo di 1 settimana.

Curry di polpette di pesce

Per 4 persone

ingredienti

500 g di salmone, senza pelle e sfilettato

Sale a piacere

750 ml/1¼ pinta di acqua

1 cipolla grande

3 cucchiaini di garam masala

½ cucchiaino di curcuma

3 cucchiai di olio vegetale raffinato più un po' di più per friggere

Radice di zenzero da 2 pollici/5 cm, grattugiata

5 spicchi d'aglio, schiacciati

250 g di pomodori, sbollentati e tagliati a cubetti

2 cucchiai di yogurt, montato

Metodo

- Lessare il pesce con un po' di sale e 500 ml di acqua per 20 minuti a fuoco medio. Scolare e frullare con la cipolla, il sale, 1 cucchiaino di garam masala e la curcuma fino a ottenere un composto omogeneo. Dividere in 12 palline.
- Scaldare l'olio per friggere. Aggiungere le polpette e friggerle a fuoco medio fino a doratura. Scolare e riservare.
- Scaldare 3 cucchiai di olio in una padella. Aggiungete tutti gli altri ingredienti, la restante acqua e le polpette di pesce. Fate cuocere per 10 minuti e servite caldo.

Pesce Amritsari

(Pesce piccante piccante)

Per 4 persone

ingredienti

200 g di yogurt

½ cucchiaino di pasta di zenzero

½ cucchiaino di pasta d'aglio

Succo di 1 limone

½ cucchiaino di garam masala

Sale a piacere

Coda di rana pescatrice da 675 g/1½ lb, senza pelle e sfilettata

Metodo

- Mescolare tutti gli ingredienti tranne il pesce. Marinare il pesce con questa miscela per 1 ora.
- Grigliare il pesce marinato per 7-8 minuti. Servire caldo.

gamberi fritti masala

Per 4 persone

ingredienti

4 spicchi d'aglio

5 cm/2 pollici di zenzero

2 cucchiai di cocco fresco, grattugiato

2 peperoni rossi secchi

1 cucchiaio di semi di coriandolo

1 cucchiaino di curcuma

Sale a piacere

120 ml di acqua

750 g di gamberi 10 oz, sgusciati e privati dei peli

3 cucchiai di olio vegetale raffinato

3 cipolle grandi, tritate finemente

2 pomodori, tritati finemente

2 cucchiai di foglie di coriandolo tritate

1 cucchiaino di garam masala

Metodo

- Macina l'aglio, lo zenzero, il cocco, i peperoncini, i semi di coriandolo, la curcuma e il sale insieme a abbastanza acqua per formare una pasta liscia.
- Marinare i gamberi con questa pasta per un'ora.
- Scaldare l'olio in una casseruola. Aggiungere le cipolle e friggerle a fuoco medio finché non diventano traslucide.
- Aggiungere i pomodori e i gamberetti marinati. Mescolare bene. Aggiungete l'acqua, coprite con un coperchio e lasciate cuocere per 20 minuti.
- Decorare con foglie di coriandolo e garam masala. Servire caldo.

Pesce condito con santoreggia

Per 4 persone

ingredienti

2 cucchiai di succo di limone

Sale a piacere

Pepe nero macinato a piacere

4 bistecche di pesce spada

2 cucchiai di burro

1 cipolla grande, tritata finemente

1 peperone verde, senza semi e tritato

3 pomodori pelati e tagliati a pezzi

50 g di pangrattato

85 g/3 once di formaggio cheddar, grattugiato

Metodo

- Cospargere il pesce con succo di limone, sale e pepe. Mettere da parte.
- Scaldare il burro in una casseruola. Aggiungi cipolla e peperone verde. Friggere per 2-3 minuti a fuoco medio. Aggiungere i pomodori, il pangrattato e il formaggio. Cuocere per 4-5 minuti.
- Distribuire uniformemente questo composto sul pesce. Avvolgere nella carta stagnola e cuocere in forno a 200°C (400°F, gas mark 6) per 30 minuti. Servire caldo.

Gamberetti Pasanda

(Gamberetti cucinati con yogurt e aceto)

Per 4 persone

ingredienti

250 g di gamberi, sgusciati e privati dei peli

Sale a piacere

1 cucchiaino di pepe nero macinato

2 cucchiaini di aceto di malto

2 cucchiaini di olio vegetale raffinato

1 cucchiaio di pasta d'aglio

2 cipolle grandi, tritate finemente

2 pomodori, tritati finemente

2 cipolline, tritate finemente

1 cucchiaino di garam masala

250 ml di acqua

4 cucchiai di yogurt greco

Metodo

- Marinare i gamberi con sale, pepe e aceto per 30 minuti.
- Grigliare i gamberetti per 5 minuti. Mettere da parte.
- Scaldare l'olio in una casseruola. Aggiungere la pasta d'aglio e le cipolle. Friggere a fuoco medio per un minuto. Aggiungere i pomodori, i cipollotti e il garam masala. Cuocere per 4 minuti fino a doratura. Aggiungere i gamberi grigliati e l'acqua. Cuocere a fuoco basso per 15 minuti. Aggiungere lo yogurt. Mescolare per 5 minuti. Servire caldo.

Rechaido di pesce spada

(Pesce spada cotto in salsa di Goa)

Per 4 persone

ingredienti

4 peperoni rossi

6 spicchi d'aglio

Radice di zenzero da 2,5 cm/1 pollice

½ cucchiaino di curcuma

1 cipolla grande

1 cucchiaino di pasta di tamarindo

1 cucchiaino di semi di cumino

1 cucchiaio di zucchero

Sale a piacere

120 ml di aceto di malto

1 kg di pesce spada, pulito

Olio vegetale raffinato per friggere

Metodo

- Macinare tutti gli ingredienti insieme tranne il pesce e l'olio.
- Praticare delle incisioni nel pesce spada e marinarlo con il composto macinato, disponendo nelle incisioni abbondante impasto. Mettere da parte per 1 ora.
- Scaldare l'olio in una padella. Aggiungere il pesce marinato e friggere per 2-3 minuti a fuoco basso. Torna indietro e ripeti. Servire caldo.

Teekha Jhinga

(Gamberetti piccanti)

Per 4 persone

ingredienti

4 cucchiai di olio vegetale raffinato

1 cucchiaino di semi di finocchio

2 cipolle grandi, tritate finemente

2 cucchiaini di pasta di zenzero

2 cucchiaini di pasta d'aglio

Sale a piacere

½ cucchiaino di curcuma

3 cucchiai di garam masala

25 g/1 oncia di cocco essiccato

60 ml di acqua

1 cucchiaio di succo di limone

500 g di gamberi, sgusciati e privati dei bordi

Metodo

- Scaldare l'olio in una casseruola. Aggiungere i semi di finocchio. Lasciali sputare per 15 secondi. Aggiungere le cipolle, la pasta di zenzero e la pasta d'aglio. Friggere per un minuto a fuoco medio.
- Aggiungere il resto degli ingredienti, tranne i gamberetti. Far rosolare per 7 minuti.
- Aggiungere i gamberi e cuocere per 15 minuti, mescolando spesso. Servire caldo.

Balchow di gamberetti

(Gamberetti bolliti alla Goan Way)

Per 4 persone

ingredienti

750 g di gamberi 10 oz, sgusciati e privati dei peli

250 ml/8 fl oz aceto di malto

8 spicchi d'aglio

2 cipolle grandi, tritate finemente

1 cucchiaio di cumino macinato

cucchiaino: curcuma

Sale a piacere

120 ml di olio vegetale raffinato

50 g di foglie di coriandolo tritate

Metodo

- Marinare i gamberi con 4 cucchiai di aceto per 2 ore.
- Macinare l'aceto rimanente con l'aglio, le cipolle, il cumino macinato, la curcuma e il sale fino ad ottenere una pasta liscia. Mettere da parte.
- Scaldare l'olio in una casseruola. Rosolare i gamberi per 12 minuti a fuoco basso.
- Aggiungere la pasta. Mescolare bene e cuocere a fuoco basso per 15 minuti.
- Decorare con foglie di coriandolo. Servire caldo.

Gamberetti Bhujna

(gamberetti essiccati con cocco e cipolla)

Per 4 persone

ingredienti

50 g di cocco fresco, grattugiato

2 cipolle grandi

6 peperoni rossi

Radice di zenzero da 2 pollici/5 cm, grattugiata

1 cucchiaino di pasta d'aglio

4 cucchiai di olio vegetale raffinato

5 kokum secchi*

cucchiaino: curcuma

750 g di gamberi 10 oz, sgusciati e privati dei peli

250 ml di acqua

Sale a piacere

Metodo

- Macina insieme il cocco, le cipolle, i peperoncini rossi, lo zenzero e la pasta d'aglio.
- Scaldare l'olio in una casseruola. Aggiungere la pasta con il kokum e la curcuma. Fate rosolare per 5 minuti a fuoco basso.
- Aggiungere i gamberi, l'acqua e il sale. Cuocere a fuoco lento per 20 minuti, mescolando spesso. Servire caldo.

Gendi Macher Malai

(Gambero al Cocco)

Per 4 persone

ingredienti

2 cipolle grandi, grattugiate

2 cucchiai di pasta di zenzero

100 g di cocco fresco, grattugiato

4 cucchiai di olio vegetale raffinato

500 g di gamberi, sgusciati e privati dei bordi

1 cucchiaino di curcuma

1 cucchiaino di cumino macinato

4 pomodori, tritati finemente

1 cucchiaino di zucchero

1 cucchiaino di burro chiarificato

2 chiodi di garofano

1 pollice/2,5 cm di cannella

2 baccelli di cardamomo verde

3 foglie di alloro

Sale a piacere

4 patate grandi, tagliate a cubetti e fritte

250 ml di acqua

Metodo

- Macinare le cipolle, la pasta di zenzero e il cocco fino ad ottenere una pasta liscia. Mettere da parte.
- Scaldare l'olio in una padella. Aggiungere i gamberi e friggerli per 5 minuti a fuoco medio. Scolare e riservare.
- Allo stesso olio aggiungere la pasta macinata e tutti gli altri ingredienti tranne l'acqua. Far rosolare per 6-7 minuti. Aggiungere i gamberi fritti e l'acqua. Mescolare bene e cuocere a fuoco lento per 10 minuti. Servire caldo.

Sorse Bata Vis

(Pesce in pasta di senape)

Per 4 persone

ingredienti

4 cucchiai di semi di senape

7 peperoni verdi

2 cucchiai di acqua

½ cucchiaino di curcuma

5 cucchiai di olio di senape

Sale a piacere

1 kg di sogliola al limone, sbucciata e sfilettata

Metodo

- Macinare tutti gli ingredienti, tranne il pesce, con abbastanza acqua fino ad ottenere una pasta liscia. Marinare il pesce con questa miscela per 1 ora.
- Cuocere a vapore per 25 minuti. Servire caldo.

Stufato di pesce

Per 4 persone

ingredienti

1 cucchiaio di olio vegetale raffinato

2 chiodi di garofano

1 pollice/2,5 cm di cannella

3 foglie di alloro

5 grani di pepe nero

1 cucchiaino di pasta d'aglio

1 cucchiaino di pasta di zenzero

2 cipolle grandi, tritate finemente

400 g di verdure miste surgelate

Sale a piacere

250 ml/8 fl oz di acqua tiepida

500 g di filetti di rana pescatrice

1 cucchiaio di farina bianca, sciolta in 60 ml di latte

Metodo

- Scaldare l'olio in una casseruola. Aggiungere i chiodi di garofano, la cannella, le foglie di alloro e i grani di pepe. Lasciali sputare per 15 secondi. Aggiungere la pasta d'aglio, la pasta di zenzero e le cipolle. Friggere per 2-3 minuti a fuoco medio.
- Aggiungere le verdure, il sale e l'acqua. Mescolare bene e cuocere a fuoco lento per 10 minuti.
- Aggiungere con attenzione il composto di pesce e farina. Mescolare bene. Cuocere a fuoco medio per 10 minuti. Servire caldo.

Jhinga Nissa

(Gamberetti allo yogurt)

Per 4 persone

ingredienti

1 cucchiaio di succo di limone

1 cucchiaino di pasta di zenzero

1 cucchiaino di pasta d'aglio

1 cucchiaino di semi di sesamo

200 g di yogurt

2 peperoncini verdi, tritati finemente

½ cucchiaino di foglie di fieno greco essiccate

½ cucchiaino di chiodi di garofano macinati

½ cucchiaino di cannella in polvere

½ cucchiaino di pepe nero macinato

Sale a piacere

12 gamberi grandi, sgusciati e privati dei bordi

Metodo

- Unisci tutti gli ingredienti tranne i gamberetti. Marinare i gamberi con questo composto per un'ora.
- Disporre i gamberi marinati sugli spiedini e grigliarli per 15 minuti. Servire caldo.

Calamari di Vindaloo

(Calamari cotti in salsa piccante di Goa)

Per 4 persone

ingredienti

8 cucchiai di aceto di malto

8 peperoni rossi

3,5 cm/1½ in radice di zenzero

20 spicchi d'aglio

1 cucchiaino di semi di senape

1 cucchiaino di semi di cumino

1 cucchiaino di curcuma

Sale a piacere

6 cucchiai di olio vegetale raffinato

3 cipolle grandi, tritate finemente

500 g di calamari 2 once, affettati

Metodo

- Macinare metà dell'aceto con i peperoni rossi, lo zenzero, l'aglio, i semi di senape, i semi di cumino, la curcuma e il sale fino ad ottenere una pasta liscia. Mettere da parte.
- Scaldare l'olio in una casseruola. Friggere le cipolle a fuoco basso fino a doratura.
- Aggiungere l'impasto macinato. Mescolare bene e friggere per 5-6 minuti.
- Aggiungere i calamari e l'aceto rimasto. Cuocere a fuoco basso per 15-20 minuti, mescolando di tanto in tanto. Servire caldo.

Balchow di aragosta

(Aragoste piccanti cotte al curry di Goa)

Per 4 persone

ingredienti

400 g di carne di aragosta, tritata

Sale a piacere

½ cucchiaino di curcuma

60 ml di aceto di malto

1 cucchiaino di zucchero

120 ml di olio vegetale raffinato

2 cipolle grandi, tritate finemente

12 spicchi d'aglio, tritati finemente

1 cucchiaino di garam masala

1 cucchiaio di foglie di coriandolo tritate

Metodo

- Marinare l'aragosta per 1 ora con sale, curcuma, aceto e zucchero.
- Scaldare l'olio in una casseruola. Aggiungi cipolle e aglio. Friggere per 2-3 minuti a fuoco basso. Aggiungi l'aragosta marinata e il garam masala. Cuocere a fuoco basso per 15 minuti, mescolando di tanto in tanto.
- Decorare con foglie di coriandolo. Servire caldo.

Gamberetti Di Melanzane

Per 4 persone

ingredienti

4 cucchiai di olio vegetale raffinato

6 grani di pepe nero

3 peperoni verdi

4 chiodi di garofano

6 spicchi d'aglio

Radice di zenzero da 1 cm

2 cucchiai di foglie di coriandolo tritate

1 cucchiaio e mezzo di cocco essiccato

2 cipolle grandi, tritate finemente

500 g di melanzane, tritate

250 g di gamberi, sgusciati e privati dei peli

½ cucchiaino di curcuma

1 cucchiaino di pasta di tamarindo

Sale a piacere

10 anacardi

120 ml di acqua

Metodo

- Scaldare 1 cucchiaio di olio in una padella. Aggiungere i grani di pepe, i peperoncini verdi, i chiodi di garofano, l'aglio, lo zenzero, le foglie di coriandolo e il cocco a fuoco medio per 2-3 minuti. Macinare il composto in una pasta liscia. Mettere da parte.
- Scaldare l'olio rimanente in una casseruola. Aggiungere le cipolle e soffriggere per un minuto a fuoco medio. Aggiungere melanzane, gamberetti e curcuma. Far rosolare per 5 minuti.
- Aggiungere l'impasto macinato e tutti gli altri ingredienti. Mescolare bene e cuocere a fuoco lento per 10-15 minuti. Servire caldo.

Gamberetti verdi

Per 4 persone

ingredienti

Succo di 1 limone

50 g di foglie di menta

50 g di foglie di coriandolo

4 peperoni verdi

Radice di zenzero da 2,5 cm/1 pollice

8 spicchi d'aglio

Pizzico di garam masala

Sale a piacere

20 gamberetti medi, sgusciati e privati dei peli

Metodo

- Macinare tutti gli ingredienti insieme, tranne i gamberetti, fino ad ottenere una pasta liscia. Marinare i gamberi con questa miscela per 1 ora.
- Infilare i gamberi. Grigliare per 10 minuti, girando di tanto in tanto. Servire caldo.

Pesce al coriandolo

Per 4 persone

ingredienti

3 cucchiai di olio vegetale raffinato

1 cipolla grande, tritata finemente

4 peperoncini verdi, tritati finemente

1 cucchiaio di pasta di zenzero

1 cucchiaio di pasta d'aglio

1 cucchiaino di curcuma

Sale a piacere

100 g di foglie di coriandolo, tritate

1 kg di salmone, senza pelle e sfilettato

250 ml di acqua

Metodo

- Scaldare l'olio in una casseruola. Friggere la cipolla a fuoco basso fino a doratura.
- Aggiungere tutti gli altri ingredienti tranne il pesce e l'acqua. Cuocere per 3-4 minuti. Aggiungere il pesce e friggere per 3-4 minuti.
- Aggiungere acqua. Mescolare bene e cuocere a fuoco lento per 10-12 minuti. Servire caldo.

Pesce Malese

(Pesce cotto in salsa cremosa)

Per 4 persone

ingredienti

8 fl oz/250 ml di olio vegetale raffinato

Filetti di branzino 1kg/2¼lb

1 cucchiaio di farina bianca semplice

1 cipolla grande, grattugiata

½ cucchiaino di curcuma

250 ml/8 fl oz di latte di cocco

Sale a piacere

Per il mix di spezie:

1 cucchiaino di semi di coriandolo

1 cucchiaino di semi di cumino

4 peperoni verdi

6 spicchi d'aglio

6 cucchiai di acqua

Metodo

- Macina insieme gli ingredienti per la miscela di spezie. Spremere il composto per estrarre il succo in una piccola ciotola. Metti da parte il succo. Scartare il baccello.
- Scaldare l'olio in una padella. Immergere il pesce nella farina e friggerlo a fuoco medio fino a doratura. Scolare e riservare.
- Nello stesso olio aggiungere la cipolla e soffriggere a fuoco medio fino a doratura.
- Aggiungere il succo del mix di spezie e tutti gli altri ingredienti. Mescolare bene.
- Lasciare cuocere per 10 minuti. Aggiungere il pesce e cuocere per 5 minuti. Servire caldo.

Curry di pesce Konkani

Per 4 persone

ingredienti

1 kg di salmone, senza pelle e sfilettato

Sale a piacere

1 cucchiaino di curcuma

1 cucchiaino di peperoncino in polvere

2 cucchiai di olio vegetale raffinato

1 cipolla grande, tritata finemente

½ cucchiaino di pasta di zenzero

750 ml/1¼ pinta di latte di cocco

3 peperoncini verdi, tagliati a fette longitudinalmente

Metodo

- Marinare il pesce con sale, curcuma e peperoncino in polvere per 30 minuti.
- Scaldare l'olio in una casseruola. Aggiungere la cipolla e la pasta di zenzero. Friggere a fuoco medio fino a quando le cipolle diventano traslucide.
- Aggiungi latte di cocco, peperoncini verdi e pesce marinato. Mescolare bene. Lasciare cuocere per 15 minuti. Servire caldo.

Gamberetti All'Aglio Piccanti

Per 4 persone

ingredienti

4 cucchiai di olio vegetale raffinato

2 cipolle grandi, tritate finemente

1 cucchiaio di pasta d'aglio

12 spicchi d'aglio, tritati finemente

1 cucchiaino di peperoncino in polvere

1 cucchiaino di coriandolo macinato

½ cucchiaino di cumino macinato

2 pomodori, tritati finemente

Sale a piacere

1 cucchiaino di curcuma

750 g di gamberi 10 oz, sgusciati e privati dei peli

250 ml di acqua

Metodo

- Scaldare l'olio in una casseruola. Aggiungere le cipolle, la pasta d'aglio e l'aglio tritato. Friggere a fuoco medio fino a quando le cipolle diventano traslucide.

- Aggiungere il resto degli ingredienti, tranne i gamberetti e l'acqua. Cuocere per 3-4 minuti. Aggiungete i gamberetti e fateli rosolare per 3-4 minuti.

- Aggiungere acqua. Mescolare bene e cuocere a fuoco lento per 12-15 minuti. Servire caldo.

semplice curry di pesce

Per 4 persone

ingredienti

2 cipolle grandi, tagliate in quarti

3 chiodi di garofano

1 pollice/2,5 cm di cannella

4 grani di pepe nero

2 cucchiaini di semi di coriandolo

1 cucchiaino di semi di cumino

1 pomodoro, in quarti

Sale a piacere

2 cucchiai di olio vegetale raffinato

750 g/1 libbra 10 once di salmone, senza pelle e sfilettato

250 ml di acqua

Metodo

- Macinare tutti gli ingredienti insieme tranne l'olio, il pesce e l'acqua. Scaldare l'olio in una casseruola. Aggiungete la pasta e fatela rosolare per 7 minuti a fuoco basso.
- Aggiungi pesce e acqua. Cuocere per 25 minuti, mescolando spesso. Servire caldo.

Curry di pesce di Goa

Per 4 persone

ingredienti

100 g di cocco fresco, grattugiato

4 peperoni rossi secchi

1 cucchiaino di semi di cumino

1 cucchiaino di semi di coriandolo

360 ml di acqua

3 cucchiai di olio vegetale raffinato

1 cipolla grande, grattugiata

1 cucchiaino di curcuma

8 foglie di curry

2 pomodori, sbollentati e tagliati

2 peperoncini verdi, tagliati a fette longitudinalmente

1 cucchiaio di pasta di tamarindo

Sale a piacere

1 kg/2 lb di salmone, a fette

Metodo

- Macinare il cocco, i peperoncini, i semi di cumino e i semi di coriandolo con 4 cucchiai d'acqua fino ad ottenere una pasta densa. Mettere da parte.
- Scaldare l'olio in una casseruola. Friggere la cipolla a fuoco basso fino a renderla traslucida.
- Aggiungere la pasta di cocco. Cuocere per 3-4 minuti.
- Aggiungere tutti gli ingredienti rimanenti tranne il pesce e l'acqua rimanente. Rosolare per 6-7 minuti. Aggiungi pesce e acqua. Mescolare bene e cuocere a fuoco lento per 20 minuti, mescolando di tanto in tanto. Servire caldo.

Gamberetti Vindaloo

(Gamberi cotti nel curry piccante di Goa)

Per 4 persone

ingredienti

  3 cucchiai di olio vegetale raffinato

  1 cipolla grande, grattugiata

  4 pomodori, tritati finemente

  1 cucchiaino e mezzo di peperoncino in polvere

  ½ cucchiaino di curcuma

  2 cucchiaini di cumino macinato

  750 g di gamberi 10 oz, sgusciati e privati dei peli

  3 cucchiai di aceto bianco

  1 cucchiaino di zucchero

  Sale a piacere

Metodo

- Scaldare l'olio in una casseruola. Aggiungere la cipolla e soffriggere per 1-2 minuti a fuoco medio. Aggiungere i pomodori, il peperoncino in polvere, la curcuma e il cumino. Mescolare bene e cuocere per 6-7 minuti, mescolando di tanto in tanto.
- Aggiungere i gamberetti e mescolare bene. Cuocere a fuoco basso per 10 minuti.
- Aggiungere aceto, zucchero e sale. Cuocere a fuoco lento per 5-7 minuti. Servire caldo.

Pesce nel masala verde

Per 4 persone

ingredienti

750 g di pesce spada 10 once, senza pelle e sfilettato

Sale a piacere

1 cucchiaino di curcuma

50 g di foglie di menta

100 g di foglie di coriandolo

12 spicchi d'aglio

Radice di zenzero da 5 cm/2 pollici

2 cipolle grandi, tritate

5 cm/2 pollici di cannella

1 cucchiaio di semi di papavero

3 chiodi di garofano

500 ml/16 once fluide di acqua

3 cucchiai di olio vegetale raffinato

Metodo

- Marinare il pesce con sale e curcuma per 30 minuti.
- Macinare gli ingredienti rimanenti, tranne l'olio, insieme a abbastanza acqua fino ad ottenere una pasta densa.
- Scaldare l'olio in una casseruola. Aggiungere la pastella e friggere per 4-5 minuti a fuoco medio. Aggiungere il pesce marinato e il resto dell'acqua. Mescolare bene e cuocere a fuoco lento per 20 minuti, mescolando di tanto in tanto. Servire caldo.

Cozze Masala

Per 4 persone

ingredienti

500 g di cozze, pulite (vedi tecniche di cottura)

Sale a piacere

cucchiaino: curcuma

1 cucchiaio di semi di coriandolo

3 chiodi di garofano

1 pollice/2,5 cm di cannella

4 grani di pepe nero

Radice di zenzero da 2,5 cm/1 pollice

8 spicchi d'aglio

60 g/2 once di cocco fresco, grattugiato

2 cucchiai di olio vegetale raffinato

1 cipolla grande, tritata finemente

500 ml/16 once fluide di acqua

Metodo

- Vapore (vedi<u>tecniche di cottura</u>) le cozze nella vaporiera per 20 minuti. Cospargere sale e curcuma. Mettere da parte.
- Tritare insieme il resto degli ingredienti, tranne l'olio, la cipolla e l'acqua.

- Scaldare l'olio in una casseruola. Aggiungere la pasta macinata e la cipolla. Rosolare a fuoco medio per 4-5 minuti. Aggiungete le cozze al vapore e fatele soffriggere per 5 minuti. Aggiungere acqua. Cuocere per 10 minuti e servire caldo.

Pesce Tikka

Per 4 persone

ingredienti

2 cucchiaini di pasta di zenzero

2 cucchiaini di pasta d'aglio

1 cucchiaino di garam masala

1 cucchiaino di peperoncino in polvere

2 cucchiaini di cumino macinato

2 cucchiai di succo di limone

Sale a piacere

1 kg di rana pescatrice, senza pelle e sfilettata

Olio vegetale raffinato per fritture poco profonde

2 uova, sbattute

3 cucchiai di semola

Metodo

- Mescolare pasta di zenzero, pasta di aglio, garam masala, peperoncino in polvere, cumino, succo di limone e sale. Marinare il pesce con questa miscela per 2 ore.
- Scaldare l'olio in una padella. Immergere il pesce marinato nell'uovo, arrotolarlo nella semola e friggerlo per 4-5 minuti a fuoco medio.
- Girare e cuocere per 2-3 minuti. Scolare su carta da cucina e servire tiepido.

Melanzane ripiene di gamberi

Per 4 persone

ingredienti

4 cucchiai di olio vegetale raffinato

1 cipolla grande, grattugiata finemente

2 cucchiaini di pasta di zenzero

2 cucchiaini di pasta d'aglio

1 cucchiaino di curcuma

½ cucchiaino di garam masala

Sale a piacere

1 cucchiaino di pasta di tamarindo

180 g di gamberi, sgusciati e privati dei peli

60 ml di acqua

8 melanzane piccole

10 g di foglie di coriandolo tritate per guarnire

Metodo

- Per il ripieno, scaldare metà dell'olio in una padella. Aggiungere la cipolla e soffriggere a fuoco basso fino a doratura. Aggiungere la pasta di zenzero, la pasta di aglio, la curcuma e il garam masala. Friggere per 2-3 minuti fino a doratura.

- Aggiungere sale, pasta di tamarindo, gamberetti e acqua. Mescolare bene e cuocere a fuoco lento per 15 minuti. Prenota bene.

- Usando un coltello, fai una croce su un'estremità di una melanzana. Taglia più in profondità lungo il cavallo, lasciando intatta l'altra estremità. Riempire la miscela di gamberetti in questa cavità. Ripetete l'operazione per tutte le melanzane.

- Scaldare l'olio rimanente in una padella. Aggiungere le melanzane ripiene. Cuocere a fuoco basso per 12-15 minuti, girando di tanto in tanto. Guarnire e servire caldo.

Aglio E Cannella Dei Gamberetti

Per 4 persone

ingredienti

8 fl oz/250 ml di olio vegetale raffinato

1 cucchiaino di curcuma

2 cucchiaini di pasta d'aglio

Sale a piacere

500 g di gamberi, sgusciati e privati dei bordi

2 cucchiaini di cannella in polvere

Metodo

- Scaldare l'olio in una casseruola. Aggiungere la curcuma, la pasta d'aglio e il sale. Friggere per 2 minuti a fuoco medio. Aggiungere i gamberi e cuocere per 15 minuti.
- Aggiungi la cannella. Cuocere per 2 minuti e servire caldo.

Sogliola al vapore con senape

Per 4 persone

ingredienti

1 cucchiaino di pasta di zenzero

1 cucchiaino di pasta d'aglio

¼ cucchiaino di pasta di peperoncino rosso

2 cucchiaini di senape inglese

2 cucchiaini di succo di limone

1 cucchiaino di olio di senape

Sale a piacere

1 kg di sogliola al limone, sbucciata e sfilettata

25 g/foglie piccole di coriandolo, tritate finemente

Metodo

- Mescolare tutti gli ingredienti, tranne il pesce e le foglie di coriandolo. Marinare il pesce con questa miscela per 30 minuti.
- Metti il pesce in un piatto fondo. Vapore (vedi<u>tecniche di cottura</u>) nella vaporiera per 15 minuti. Decorare con foglie di coriandolo e servire caldo.

www.ingramcontent.com/pod-product-compliance
Lightning Source LLC
Chambersburg PA
CBHW071856110526
44591CB00011B/1433